Janosch Delcker

Der Gedanken-Code

Janosch Delcker

Der Gedanken-Code

Wie künstliche Intelligenz unser Denken entschlüsselt und wir trotzdem die Kontrolle behalten

C.H.Beck

1. Auflage. 2024

2. Auflage. 2025

www.chbeck.de
Umschlagkonzept: Hanna Kronberg, GROOTHUIS, Gesellschaft der Ideen und Passionen mbH
Satz: C.H.Beck.Media.Solutions, Nördlingen
Druck und Bindung: Druckerei C.H.Beck, Nördlingen
Gedruckt auf säurefreiem und alterungsbeständigem Papier
Printed in Germany
ISBN 978 3 406 82343 5

verantwortungsbewusst produziert
www.chbeck.de/nachhaltig
produktsicherheit@beck.de

Inhalt

Der Diebstahl von Zeit sollte ein
Straftatbestand werden.
Nichts ist so kostbar wie Zeit.

Für Matthias Delcker (1951–2021)

Prolog: Im Niemandsland

• *Cabo Raso, Argentinien*

Am Ende der Welt begrüßt mich Bruno mit einer Ruhe, die mir fremd geworden ist. Drei Stunden zuvor war ich von Argentiniens Bundesstraße 3 in Richtung Meer abgebogen. Nach ein paar Minuten brach der Handyempfang ab. Kurz darauf wurde die Landstraße zur Schotterpiste. Ab dann kam mir kein Auto mehr entgegen. Wann immer der klapprige VW-Polo, den mir die Mietwagenfirma am Provinzflughafen in Trelew gegeben hatte, ungewohnte Geräusche machte, bekam ich es mit der Angst zu tun. Sollte er liegen bleiben, könnten in der Halbwüste Patagoniens Tage vergehen, bis ein Mensch vorbeikommt.

Aber irgendwann ist am Horizont der Atlantik aufgetaucht, dann sah ich über der Steppe verstreut die Ruinen von Cabo Raso, und schließlich habe ich es geschafft und steige aus dem Auto. Lächelnd kommt mir Bruno entgegen. Das schwarze Haar hat er zum Zopf zusammengebunden. An seiner Seite humpelt Border Collie-Mischling Simba und wedelt langsam mit dem Schwanz. Hinter den beiden ragen ein paar zusammengewachsene Häuschen und Wellblechhütten in den Nachmittagshimmel.

Wir geben uns die Hand. Die nächsten Tage werden Bruno und ich gemeinsam hier im Nirgendwo verbringen. Uns eint das Grau an den Schläfen: Er ist 36 Jahre alt, ich bin gerade 37 geworden. Ansonsten könnten unsere Leben nicht unterschiedlicher sein. Bruno ist Künstler und verbringt den Großteil seiner Woche hier, abgeschnitten von nahezu allem Digitalen. Ich bin Journalist, lebe schon mein ganzes Leben lang in Städten und berichte darüber, wie Technologie unser Leben verändert. Der Zufall hat uns zusammengeführt in Cabo Raso, einem zerfallenen Geisterdorf, wo der Wind nach Antarktis riecht und nach Gefahr; wo es keine Kanalisation gibt, kein warmes Wasser und schon gar kein Internet; und wo das bisschen Strom, das die Solarpanels auf dem Hüttendach produzieren, streng rationiert wird.

Dies ist das Ende meiner Reise. Fast fünf Jahre lang habe ich recherchiert, wie eine neue Generation künstlicher Intelligenz (KI) unsere Gesellschaften – bisher weitgehend unbemerkt – verändert. Im Zusammenspiel mit anderen Technologien wird sie die Art und Weise revolutionieren, wie wir mit Computern interagieren. Ihr Ziel lässt sich in einer alten Idee zusammenfassen: Gedankenlesen.

Hinter verschlossenen Türen versuchen Unternehmen und Forschende, den Code unserer Gedanken zu knacken. Sie entwickeln Programme, um besser zu verstehen, was wir denken und fühlen, woran wir glauben und wie wir sind – all die Eigenschaften, die zusammen das ausmachen, was im Deutschen oft als «Geist» und im Englischen als *mind* bezeichnet wird. In diesem Buch werde ich diese Technologien unter dem Oberbegriff *Mind-Reading AI* zusammenfassen.

Es ist ein Experiment, das Auswirkungen hat auf unser Gehirn und darauf, wie wir die Welt wahrnehmen. Vorläufer der Technologie sind schon Teil unseres Lebens geworden. Weiter entwickelte Programme stehen kurz vor der Marktreife. Sie werden unsere Gedankenwelt in den kommenden Jahren transparenter und verletzlicher denn je machen. Trotzdem hüllen sich viele Firmen in Schweigen.

Dieses Buch bringt Licht ins Dunkel. Es gewährt Einblicke ins Innenleben einer mächtigen Industrie, die immer besser darin wird, unsere Gedanken auszulesen. Es erklärt, ohne Vorkenntnisse vorauszusetzen, welche Technologien die Unternehmen einsetzen und wie sie funktionieren: vom maschinellen Lernen über immersive Technologien, die unsere analoge mit einer virtuellen Realität verschmelzen lassen, bis hin zu Neurotechnologie und Gehirn-Computer-Schnittstellen, mit denen uns buchstäblich in den Kopf geschaut wird. Und es liefert eine Anleitung, wie wir *Mind-Reading AI* auf eine gute und nachhaltige Weise einsetzen können.

Himmelsstürmer: Das Streben nach künstlicher Intelligenz

«Künstliche Intelligenz» ist eine Sammelbezeichnung. Sie fasst diverse Technologien zusammen, die mehr oder weniger autonom Aufgaben erledigen, für die ansonsten menschliche Intelligenz erforderlich wäre. Dabei reichen die Ursprünge des Felds bis in die erste Hälfte des 19. Jahrhunderts zurück, als Gelehrte wie die Mathematikerin Ada Lovelace oder der Erfinder Charles Babbage erste Konzepte für intelligente Maschinen erdachten. Geprägt wurde der Begriff in den 1950er Jahren, als eine Gruppe amerikanischer Wissenschaftler ihn als werbewirksamen Titel für eine Konferenz wählte. In den sieben Jahrzehnten seitdem ist die Geschichte der KI geprägt gewesen von Booms und Pleiten, von Phasen großer Durchbrüche und massivem Investment, gefolgt von Rückschritten, Krisen und «KI-Wintern».

Heute erlebt KI einen neuen Hype. Doch eines ist anders: Zum ersten Mal nutzen Menschen, auch solche mit wenig technischem Vorwissen, tagtäglich bewusst KI-Technologie und mehr noch: Sie interagieren mit ihr. Künstliche Intelligenz ist in unseren Alltag eingezogen.

Nichts hat diesen jüngsten Hype mehr befeuert als ChatGPT und andere Programme, die scheinbar aus dem Nichts überzeugende Texte, Bilder oder Videos erstellen. Seit sie im Herbst 2022 online verfügbar wurden, sind sie für viele zum Synonym für KI geworden. Kaum ein Tag vergeht ohne neue Artikel darüber, was der Aufstieg der Programme für die Arbeitswelt, unsere Kreativität oder geistiges Eigentum bedeutet. Aber so faszinierend solche «generativen» KI-Anwendungen auch erscheinen mögen: Sie sind, wie ich in diesem Buch zeigen werde, nur die Vorboten einer noch viel tiefgreifenderen technologischen Revolution.

Ich selbst berichte seit Mitte der 2010er Jahre über künstliche Intelligenz – «lange, bevor das cool wurde», wie es eine befreundete Journalistin formulierte. Das Bild, das die breite Öffentlichkeit damals von KI besaß, war ein anderes. Noch sollte es Jahre dauern, bevor es Artikel über KI auf die Titelseiten reichweitenstarker Zeitungen schaffen würden. Noch verstanden viele KI-Forschung als *blue sky research*, als akademische Theorie ohne direkte Anwendungsmöglichkeiten. Und noch galt meine Berichterstattung als «Nischen-Journalismus» und ich als der Geek im Politik-Ressort, dessen Recherchen für viele oft wie Science Fiction klangen.

Für mich als Reporter war das ein Glück. Ich spürte, dass ich an einer der größten Geschichten meiner Generation dran war, für die sich außerhalb der Fachwelt jedoch kaum jemand interessierte. Im Laufe der Jahre baute ich mir so ein Netzwerk an Kontakten in der KI-Welt auf. Ende 2017 überzeugte ich dann meine damalige Redaktion, das US-amerikanische Magazin Politico, mich zu seinem «KI-Korrespondenten» zu machen. Es war das weltweit erste Medium, das diesen Schritt ging.

Je tiefer ich während dieser Zeit in die Welt der KI eintauchte, umso mehr fiel mir etwas auf, das ich mir nicht erklären konnte: Alle großen Tech-Unternehmen, von Facebook bis Google, hatten begonnen, massiv in KI-Grundlagenforschung zu investieren, die auf den ersten Blick so gar nichts mit ihren Geschäftsmodellen zu tun hatte. Gleichzeitig hörte ich, wie die Firmen immer mehr Forschende aus den Neurowissenschaften abwarben. Aber warum? Irgendetwas an ihrem Wissen über unser Gehirn musste die profitorientierten Unternehmen so sehr reizen, dass sie massiv in dieses Knowhow investierten.

Im Frühjahr 2019 flog ich nach Paris. Seit Mitte der 2010er Jahre hatte Facebook, wie der US-Konzern Meta damals noch hieß, ein KI-Grundlagenlabor in der französischen Hauptstadt aufgebaut. Dort wurde an hochkomplexer Technologie geforscht. Nun hatte mich die Firma gemeinsam mit einem Dutzend anderer Medienschaffender zu sich eingeladen. Die Einrichtung residierte in den obersten Stockwerken eines Gebäudes an bester Adresse im zweiten *Arrondissement*. Von dem Moment an, in dem wir aus dem Aufzug traten, schwirrten PR-Profis um uns herum und achteten darauf, dass niemand die für den Besuch vorgesehenen Bereiche verließ. In den anderthalb Tagen danach sprach ich mit einigen der renommiertesten KI-Forschenden unserer Zeit, darunter einem Gewinner des *Turing Award*, quasi dem Nobelpreis der Informatik. Sie alle arbeiteten mittlerweile für Facebook.

Irgendwann stand ich auf der Dachterrasse des Zentrums, die Blicke eines Pressesprechers im Rücken, und schaute über die Dächer der Stadt auf den nahen Eiffelturm. Gedämpft drang der Lärm der Straße zu uns nach oben. Die Menschen unten wirkten sehr weit weg. Ich wurde nachdenklich: Wenn die wohl wichtigste Technologie unserer Generation zu einem beachtlichen Teil in ein paar privaten Einrichtungen wie dieser entsteht, entscheiden dann nicht bloß einige wenige Forschende und ihre Vorgesetzten, wie sie aussehen wird? Bestimmen sie dabei nicht ebenfalls, wie die *Welt* aussehen wird, in der wir und Generationen nach uns leben werden? Und können, wollen und sollten wir diese Entscheidungen wirklich ein paar Firmen überlassen?

Als ich später im Flugzeug zurück nach Berlin saß, beschloss ich, weiter zu recherchieren. Schnell wurde klar, dass meine Ergebnisse den Rahmen eines Magazin-Features sprengen würden. Die Idee für dieses Buch war geboren.

Zu dem Zeitpunkt hatte ich keine Ahnung, was ich herausfinden würde. Ich ahnte nicht, dass mich meine Recherche rund um die Welt führen würde: von den Hinterzimmern des Brüsseler Politikbetriebs in die sengende Hitze im Süden Indiens, nach London, Buenos Aires und schließlich, mehr als vier Jahre später, zurück zu einem Forscher aus dem Pariser Meta-Labor. Und ich ahnte nicht, wie sehr diese Reise auch mich verändern würde.

Was ich herausfand, hat mich zum Nachdenken gebracht, zum Staunen, Lachen und Zweifeln. Ich sprach mit Ärzten, deren Therapieerfolge an kleine Wunder grenzten; aber auch mit einer renommierten Psychiaterin, die sich tief besorgt zeigte über die Ergebnisse meiner Recherchen und warnte, dass wir als Kollateralschaden gerade «die potenziell am stärksten süchtig machende Droge der Menschheitsgeschichte» erschaffen könnten.

Nie zuvor in meinem Reporter-Leben hat Technologie so viel Begeisterung in mir ausgelöst; noch nie so viele Befürchtungen. Denn je tiefer ich in die Recherche eintauchte, desto besser verstand ich, wie sehr diese nächste Generation von Technologie uns und unsere Gesellschaften verändern wird: Wie sehr sie unsere Welt lebenswerter machen kann, wenn wir sie richtig einsetzen – aber auch, wie sie den Weg ebnen kann für eine dystopische Zukunft, sollten wir heute die Weichen falsch stellen.

Kassandra und Daidalos: Technologie-Skepsis vs. Technologie-Enthusiasmus

Technologiegeschichte ist eine Geschichte der Extreme. Bahnbrechende Innovationen wurden meist begleitet von Versuchen, sie für abscheuliche Zwecke zu missbrauchen: So hat der moderne Computer wie kaum eine andere Erfindung unser Leben einfacher gemacht. Aber schon die Nazis nutzten einen Computer-Vorgänger, die Tabelliermaschine, um den Holocaust zu organisieren.[1]

Das ist ein Extrembeispiel. Aber es illustriert, was Historiker Melvin Kranzberg 1986 als «Erstes Gesetz der Technologie» bezeichnete: Technologie ist weder gut noch schlecht, noch ist sie neutral. Vielmehr kann sie, je nach Einsatz, sehr unterschiedliche Konsequenzen haben. Und Technologie, so schrieb Kranzberg in seinem weniger bekannten sechsten Gesetz, ist eine «sehr menschliche Aktivität».[2] Sie wird von Menschen gemacht. Jedes Computerprogramm, das wir benutzen, wird mit einer bestimmten Absicht erschaffen und folgt Anweisungen, die in es hinein programmiert werden.

Kranzberg veröffentlichte seine Gesetze am Vorabend des digitalen Zeitalters. Seitdem ist die Rechenleistung von Computern explosionsartig gestiegen. Der Aufstieg des Internets hat uns in allen Lebensbereichen abhängig von digitaler Technologie gemacht. Längst hantieren wir mit so großen Datenmengen, dass wir sie allein mit Geisteskraft nicht mehr bewältigen könnten. Gleichzeitig stehen wir wie zu Kranzbergs Zeiten wieder an der Schwelle einer neuen Ära: dem Zeitalter der künstlichen Intelligenz. Zunehmend delegieren wir Aufgaben, für die bisher unser menschliches Denken unabdingbar war, an Computer. Dabei wird es immer schwieriger nachzuvollziehen, warum die Systeme bestimmte Entscheidungen treffen. Umso mehr wirkt Kranzbergs

Text heute wie eine generationenübergreifende Botschaft: Mehr denn je gilt es zu verstehen, wer Technologien entwickelt und mit welchen Absichten. Und mehr denn je gilt es zu prüfen, wie wir sie einsetzen wollen.

Darum geht es in diesem Buch. Und es ist ein Kompromissvorschlag. Denn über die Frage, wie ein verantwortungsvoller Umgang mit KI und angrenzenden Technologien aussieht, tobt in der Fachwelt eine hitzige Diskussion. Diese wird von zwei Lagern dominiert.

Auf der einen Seite sind da diejenigen, die in Technologie die Lösung nahezu all unserer Probleme sehen. Im Englischen werden sie, häufig mit abwertendem Unterton, als *tech solutionists* bezeichnet. Oft stammen sie aus der Informatik und arbeiten selbst in der Tech-Industrie. Sie eint die Überzeugung, dass wir die komplexesten gesellschaftlichen Herausforderungen meistern können, solange wir nur entsprechende Technik entwickeln und schnellstmöglich zur Anwendung bringen. Mit der richtigen Soft- und Hardware, so sind sie überzeugt, können wir einen Ausweg aus der Klimakrise finden, globale Ungleichheit eliminieren, Krankheiten ausrotten. Wann immer ich mit ihnen spreche, muss ich an *Daidalos* denken, den brillanten, aber fehlbaren Baumeister aus der griechischen Mythologie. In diesem Buch werde ich sie deshalb als *Daidalos*-Lager bezeichnen.

Auf der anderen Seite gibt es warnende Stimmen, die Technologie deutlich skeptischer gegenüberstehen. Sie sind eher in der Zivilgesellschaft, in Nichtregierungsorganisationen oder der öffentlichen Forschung zu finden. Man kann sie sich als einen Chor moderner *Kassandras* vorstellen: Wie die Königstochter, die den Untergang Trojas voraussagt, warnen sie davor, dass die Ambitionen des *Daidalos*-Lagers außer Kontrolle geraten. Sie mahnen, dass Firmen – ohne das zwingend zu wissen oder zu wollen – den Weg für allgegenwärtige Überwachung ebnen könnten. Und sie weisen unermüdlich darauf hin, dass neue Technologien unsere Gesellschaften oft nicht gerechter machen, sondern bestehende Ungleichheiten weiter verstärken.

Es ist eine ungleiche Debatte: Während die *Daidalos*-Fraktion eine Milliarden-Industrie hinter sich weiß, agiert das *Kassandra*-Lager mit einem Bruchteil dieser Ressourcen. Und obwohl es nach außen so scheint, als ob beide Seiten in ständigem Austausch stünden, reden sie doch immer weniger miteinander.

Beobachten konnte ich das immer wieder auf glitzernden Tech-Konferenzen rund um die Welt. Die Veranstaltungen folgen ihrer eigenen Logik: Sie werden gesponsert von *Daidalos*-Industriegrößen, die als Gegenleistung Zugang zum Backstage-Bereich und Prominenten bekommen. Gleichzeitig werden stets auch *Kassandras* eingeladen, die dann vor neonbunter Kulisse ihre Warnungen ins Publikum rufen, während hinter der Bühne Millionendeals eingefädelt werden. «Unser schlechtes Gewissen» nannte ein Start-up-Gründer diese Auftritte, als wir uns am Rand einer solchen Veranstaltung in Lissabon unterhielten. Er höre schon lange nicht mehr zu.

Ähnliches habe ich im Laufe meiner Recherchen immer wieder gehört. Die Fronten verhärten sich: Während das *Daidalos*-Lager das Gefühl hat, falsch verstanden und dämonisiert zu werden, ist das *Kassandra*-Lager desillusioniert, weil seine Warnungen selten bleibende Wirkung zeigen. Und das besorgt mich. Denn auf beiden Seiten gibt es gute Argumente. Beide verdienen es, gehört zu werden. In der griechischen Mythologie verhallen Kassandras Warnungen ungehört und Troja fällt. Daidalos verliert seinen Sohn Ikaros, als dieser mit von ihm gefertigten Flügeln zu nahe an die Sonne fliegt. Beides gilt es zu verhindern.

Ein Mittelweg

Die Aufgabe des Journalismus besteht darin, so das geflügelte Wort des früheren Washington Post-Chefredakteurs Phil Graham, *the first rough draft of history* zu schreiben: den ersten Rohentwurf für eine spätere Geschichtsschreibung. Das ist der Anspruch dieses Buchs.

Drei Dinge haben mich dabei maßgeblich beeinflusst: Als Medien- und Literaturwissenschaftler ist mein Blick auf die Materie geprägt von medienwissenschaftlichen Theorien, wie Technologie unsere Erfahrung der Welt beeinflusst und dabei unsere Gesellschaft und uns selbst verändert.

Nach meinem Studium habe ich im Redaktionsvolontariat, an der Journalistenschule und in vielen Jahren als Reporter das Handwerk der journalistisch-investigativen Recherche gelernt: das hartnäckige Nachforschen, meist vor Ort, welche Auswirkungen Technologie auf Menschen hat. So habe ich viele der Informationen in diesem Buch «aus erster Hand» zusammengetragen und veröffentliche sie hier zum ersten Mal.

Zuletzt verstehe ich mich und dieses Buch als Teil einer neuen Generation von *futurists* (Futurist:innen) – ein Berufsbild, das bei uns in Deutschland, anders als in meiner früheren Wahlheimat USA, noch weitgehend unbekannt ist. Wir analysieren Entwicklungen der Gegenwart, um daraus wahrscheinliche Konsequenzen für die Zukunft abzuleiten. Dabei stammen viele von uns aus dem außeruniversitären Kontext wie Think Tanks, Beratungsfirmen oder eben dem Journalismus. Mein Anspruch als Futurist ist nicht, die Zukunft vorherzusagen. Stattdessen will ich zeigen, wie sehr unsere heutigen Entscheidungen die Welt beeinflussen, in der wir in einigen Jahren und Jahrzehnten leben werden. Denn, wie es die Futuristin Amy Webb in ihrem Buch *The Signals Are*

Talking zusammenfasst: Die Zukunft stößt uns nicht zu; wir schaffen und gestalten sie.[3]

Als ich am Ende meiner Reise in Cabo Raso ankomme, liegt ein knappes halbes Jahrzehnt Recherche hinter mir, das mich immer tiefer in die Welt der *Mind-Reading AI* geführt hat. Ich bin müde und doch so glücklich wie lange nicht mehr. Denn es gibt Wege, die Technologie zum Guten zu nutzen: einen Leitfaden, wie wir unsere Gesellschaften damit stärken können, anstatt sie zu spalten – und wir alle *Mind-Reading AI* für uns einsetzen können, ohne die Kontrolle über das eigene Denken zu verlieren.

Im 4. Jahrhundert v. Chr. schrieb Aristoteles, der Maßstab für richtiges Handeln liege in der goldenen Mitte zwischen zwei Extremen. Der Philosoph erklärte das am Beispiel der Tapferkeit: Tapfer sei weder, wer zu wenig Mut hat und feige vor Herausforderungen zurückweicht, noch, wer zu viel Mut zeigt und sich tollkühn in Gefahr bringt. Tapfer sei, wer *mesotes*, das richtige Mittelmaß findet.

Die letzten beiden Kapitel dieses Buchs wenden dieses Prinzip auf die KI-Revolution unserer Zeit an. Im Laufe meiner Recherche habe ich mit über fünfzig Forschenden und Industrie-Insidern aus dem *Daidalos*- und dem *Kassandra*-Lager gesprochen, oft mehrmals über Jahre hinweg. Dieses Buch beschreibt einen Mittelweg ihrer Positionen und bringt ihre Argumente in Einklang.

So liefert dieses Buch auch eine Anleitung für einen gesunden Umgang mit der KI von heute und morgen. Es macht einen Vorschlag, wie die Politik mithilfe kluger Regulierung ethische Mindeststandards setzen kann, ohne die Entwicklung der Technologie zu bremsen. Es fasst kompakt zusammen, was wir alle über eine *Mind-Reading AI* wissen sollten, die bald unser Leben dominieren wird. Und es gibt praktische Tipps, wie man die Technologie nutzen und von ihr profitieren kann, ohne die eigene Gedankenwelt zu gefährden.

Aber warum beginnt es ausgerechnet am Ende der digitalen Welt? Einem Niemandsland, an dem der Tagesablauf nicht diktiert wird von Technologie, sondern von der Sonne und vom Wetter? Warum bin ich am Ende meiner Reise hier gelandet?

Während Bruno und ich nach meiner Ankunft sprechen, schweift mein Blick über die karge Landschaft um uns herum. Ich sehe die Ruinen des Geisterdorfs, an denen seit Jahrzehnten das Wetter nagt, und die Schotterpiste, der man nicht ansieht, dass sie in die Zivilisation zurückführt, zu Internetempfang und Push-Benachrichtigungen. «Willkommen in Cabo Raso», sagt Bruno und zeigt auf einen südamerikanischen Strauß, der mit seinem Jungvogel davonstolziert. Wenn ich wieder fahre, würde ich nicht mehr derselbe sein. Noch ahne ich nicht, wie sehr er recht behalten wird.

1

Big Data

Wie Computer lernen, was uns gefällt

• *Buenos Aires, Argentinien*

Als ich drei Wochen vorher in Argentinien ankomme, weiß TikTok schon, dass ich im Land bin. Die App geht davon aus, dass ich Spanisch spreche, dass ich nach Patagonien reisen möchte und dass ich schwul bin. Nichts davon habe ich bewusst mit ihr geteilt. Alles stimmt. Wahrscheinlich verstehen das Programm und sein chinesischer Mutterkonzern ByteDance noch viel mehr über mich und meine Gedankenwelt. Aber von Anfang an.

Es ist ein früher Novembermorgen. Im Straßengewirr acht Stockwerke unter mir herrscht noch Stille. Kurz vorher habe ich die kleine Dachgeschosswohnung in Buenos Aires aufgeschlossen, die für die nächsten Wochen mein Zuhause sein wird. Nun stehe ich auf der Terrasse und spüre den warmen Wind im Gesicht. Bald wird auch hier der Frühling einem subtropischen Sommer weichen und sich feuchte Hitze über die Stadt legen. Aber noch ist es November und nirgends ist der November so schön wie in Buenos Aires, dieser 15-Millionen-Metropole auf der Südhalbkugel.

Die Anreise aus Berlin hat 35 Stunden gedauert, doppelt so lange wie geplant, und mir tut alles weh. Aber jetzt ist es geschafft und ich merke, wie Entspannung einsetzt. Mein Blick schweift über die bröckelnden Dächer, die dunkelgrünen Baumkronen und die dürren Beton-Neubauten, die überall in den Himmel ragen. Dann gleitet er nach unten – und ich stocke.

Ohne es bemerkt zu haben, habe ich mein Handy aus der Hosentasche genommen und TikTok geöffnet. Jetzt stehe ich hier, starre wie ein Schlafwandler auf Videos, die über meinen Bildschirm jagen, und frage mich: Warum?

Das Programm hat sich in den letzten Jahren zu einer der beliebtesten Apps der Welt entwickelt, vor allem unter Teenagern. Direkt nach dem Öffnen startet der *For You*-Feed, ein scheinbar endloser Strom von Videos, die von anderen Menschen hochgeladen wurden. Mit einem Wisch gelangt man zum nächsten Clip. So gerät man schnell in einen Sog, der es einem, so berichten es User weltweit, immer schwieriger macht, die App zu schließen und das Handy beiseitezulegen: Zu groß ist der innere Drang, zu sehen, welches Video folgt. Zu groß die Hoffnung auf das kurze Vergnügen, das der nächste Clip auslösen könnte. Zu mächtig die Angst, diesen Moment zu verpassen.

Während ich in Buenos Aires in der Morgensonne auf meinen Handy-Bildschirm starre, merke ich, dass die Auswahl der Videos anders als zu Hause ist. Treffsicher ist sie auf meine neue Situation zugeschnitten: Viele Inhalte sind jetzt auf Spanisch. Ich sehe Videos von queeren Argentinier:innen; dazwischen Clips von Reisenden in Patagonien, ein langgehegter Traum. Zwischendurch tauchen immer wieder Relikte aus meinem Leben in Deutschland auf wie die Videos der deutsch-italienischen Foodbloggerin Mamma Culinaria, die Pasta kocht, wie keine andere, und sich dabei liebenswert um Kopf und Kragen redet.

Irgendwie fühlt es sich gut an, was TikTok mir zeigt. Weit weg von zu Hause gibt mir die App das Gefühl, von Menschen umgeben zu sein, die so ticken wie ich. Gleichzeitig triggert sie ein Fernweh, das mich schon als Kind stundenlang im Weltatlas blättern ließ. Und doch fühlt sich das alles nicht richtig an. TikTok erschöpft mich und ich spüre, wie Anspannung in mir aufsteigt. Trotzdem schaffe ich es erst zehn Minuten später, das Handy aus der Hand zu legen, widerwillig und mit einem Gefühl der Unruhe.

Wie kann es sein, dass eine App so großen Einfluss auf mich ausübt, dass ich sie unbewusst öffne – wie ein Raucher, der erst merkt, dass er wieder am Qualmen ist, nachdem er sich bereits eine Zigarette angezündet hat? Und wie kann es sein, dass ein Programm, mit dem ich bewusst so wenig Informationen wie möglich teile, so viel über mein Gefühlsleben zu wissen scheint?

Der Aufstieg sozialer Netzwerke wie TikTok und zuvor Facebook oder Instagram hat ein paar Start-ups in wenigen Jahren zu einigen der mächtigsten Firmen der Welt gemacht. In knapp zwei Jahrzehnten haben sie die Art verändert, wie wir uns informieren und miteinander kommunizieren. Viel ist darüber diskutiert worden, was das für unsere Gesellschaften bedeutet, von zunehmender Polarisierung bis hin zur Verbreitung von Desinformationen.

Gleichzeitig müssen wir diese Plattformen aber auch als Vorläufer der *Mind-Reading AI* von morgen verstehen. Denn ihr Erfolg beruht in weiten Teilen darauf, dass sie über die Jahre hinweg immer besser darin geworden sind, unser Verhalten und unsere Interessen sowie, auf rudimentärer Ebene, unsere Gedanken zu antizipieren und ihre Inhalte entsprechend anzupassen.

Dieses Kapitel beschreibt, wie sie das machen. Es ist das Einmaleins des KI-Gedankenlesens – und beginnt in den Anfangstagen von Social Media, die in dieselben Jahre fielen wie meine ersten Gehversuche als Journalist.

Die Macht der Daten: Online-Plattformen und Big Data-Analysen

- *Berlin, Deutschland*

Als ich Mitte der 2000er Jahre als Abiturient das erste Praktikum in einer Lokalredaktion machte, war die digitale Welt noch eine andere: Zwar nutzten seit den 1990er Jahren immer mehr Menschen das Internet. Aber bisher war dieses *World Wide Web* primär eine Art Sammlung statischer Websites gewesen, auf denen man Nachrichtenartikel las, Mails schrieb oder Musik herunterlud. Nun begannen Menschen vermehrt, Plattformen wie das 2004 gegründete Facebook zu nutzen. 2007 brachte Apple sein iPhone heraus. In den Jahren danach verbreiteten sich internetfähige Smartphones. So begann eine oft als «Web 2.0» bezeichnete zweite Ära des Internets. Sie hält in ihren Ausläufern bis heute an und ist davon gekennzeichnet, dass Menschen Inhalte online vor allem mittels sozialer Medien auf ihren Smartphones finden.

Die frühen Jahre des Web 2.0 waren von Euphorie gekennzeichnet: Die neue Technologie, so die vorherrschende Meinung, würde den Zugang zu Informationen bis in die abgelegensten Ecken der Welt demokratisieren, marginalisierten Randgruppen eine Stimme geben und globale Gerechtigkeit vorantreiben. Als zwischen 2010 und 2012 Menschen in der arabischen Welt auf die Straße gingen, um gegen autoritäre Eliten und Korruption aufzubegehren, sahen viele das als Bestätigung dieser These. Derweil nutzen die Plattformen all ihre Ressourcen, um dieses Narrativ zu pushen.

Es war die Stunde des *Daidalos*-Lagers. Warnende *Kassandras* gab es, aber sie fanden kaum Gehör; zu groß war die Faszination, die vom noch jungen Internet ausging.

Ich selbst war von überwiegend positiven Erfahrungen geprägt: Wie bei vielen queeren Menschen war meine Jugend trotz des Rückhalts meiner Familie von Selbstzweifeln und Anpassung geprägt. In dieser Zeit waren es nicht zuletzt die Informationen und der Kontakt zu anderen Teenagern im Internet gewesen, die mir Halt und Orientierung gaben. Und trotzdem kam mir die blinde Begeisterung, mit der auch die meisten Medien über die digitalen Räume der Zeit berichteten, nicht richtig vor: Das demokratisierende Potenzial der Netzwerke war unbestritten. Wie aber konnten die profitorientierten Unternehmen ihre Dienste scheinbar kostenlos anbieten und gleichzeitig astronomische Gewinne erzielen?

Heute wissen wir, dass sie ihre Plattformen gewissermaßen als trojanische Pferde einsetzten: Im Gegenzug erhielten die Firmen Zugang zu den Informationen, die wir online teilten oder zurückließen. Anschließend analysierten sie diese mittels eines Verfahrens, das als *Big Data* bekannt ist und praktisch allen datenbasierten Anwendungen unserer Zeit zugrunde liegt: Dafür durchforstet Software komplexe Datensätze, die so groß sind, dass Menschen sie allein mit Geisteskraft nicht bewältigen könnten. Dabei kommen Muster und Zusammenhänge ans Licht, die ansonsten verborgen bleiben würden.

Man kann sich den Grundgedanken vorstellen wie eine Satellitenaufnahme: Ein einzelner Datenpunkt ist wie ein Pixel, für sich allein quasi wertlos. Erst gemeinsam formen Hunderttausende ein Bild und erzählen eine Geschichte. So wie sich aus dem All fruchtbares Land von Wüsten unterscheiden oder Stürme vorhersagen lassen, lassen sich dadurch in Datenmengen völlig neue Zusammenhänge erkennen.

Dank solcher *Big Data*-Analysen verstanden Unternehmen wie Facebook die Interessen und Überzeugungen der Menschen auf ihren Plattformen besser denn je – und machten dieses Wissen zu Geld. Sie verkauften anderen Firmen Online-Werbeflächen, wo diese zielgerichtet ihre Produkte vor kaufkräftigem Publikum bewerben konnten: Anzeigen für Wanderschuhe wurden nicht allen Menschen gezeigt, sondern nur denjenigen, die sich fürs Wandern interessierten.

Dieses Geschäftsmodell half den Firmen, kometenhaft zu wachsen. Gleichzeitig setzte ein Netzwerkeffekt ein: Je mehr Menschen auf sozialen Medien unterwegs waren, umso mehr fühlten andere den Druck, ihnen zu folgen. Zunehmend entwickelten sich die Plattformen zu einer Art kritischer digitaler Infrastruktur. Gleichzeitig konzentrierte sich immer mehr Wissen und Einfluss bei denjenigen, die Zugang zu unseren Online-Daten hatten.

Mitte der 2010er Jahre begann die Wirtschaftswissenschaftlerin Shoshana Zuboff von einem Zeitalter des «Überwachungskapitalismus» zu sprechen, in dem wir sowohl Kunde als auch Ware sind. Dieser würde aus den Start-ups von einst Unternehmen machen, deren Jahresumsätze heute vergleichbar sind mit den Bruttoinlandsprodukten kleinerer bis mittlerer Länder: Mega-Konzerne, die zunehmend wie Nationalstaaten agierten, mit eigener Exekutive, Regularien und De-facto-Gerichten. Gleichzeitig würde in den folgenden Jahren immer deutlicher werden, wie anfällig für Manipulation uns dieser «Überwachungskapitalismus» machte. Aber zu dem Zeitpunkt konnte oder wollte die breite Öffentlichkeit das Ausmaß dieser Entwicklung noch nicht sehen.

Eine Anekdote aus der Zeit ist mir im Gedächtnis geblieben. Im Jahr 2013 enthüllte der Whistleblower Edward Snowden, wie US-amerikanische Sicherheitsbehörden und ihre Verbündeten mithilfe von *Big Data* systematisch die Online-Kommunikation von Milliarden Menschen ausspioniert hatten. Ich hatte ein Jahr zuvor ein Volontariat beim Auslandssender Deutsche Welle begonnen und war gerade während einer Praxis-Station in der Nachrichtenredaktion. Dort überzeugte ich die Planer des «DW Journals», mich ein Erklärstück zu den *Snowden Files* machen zu lassen. In gut zwei Minuten beschrieb ich, warum auch scheinbar unwichtige Verbindungsdaten viel mehr über uns verraten, als man denken mag, wenn man sie richtig analysiert. Als das Stück über den Sender lief, war ich stolz. Aber im Feedback nach der Sendung meckerte eine Redakteurin, sie wüsste nicht, was so ein «technischer Nebenaspekt» in den Hauptnachrichten zu suchen hätte. Ich war Volontär, deren Arbeit traditionell härter angefasst wird. Gut möglich ist auch, dass ich als unerfahrener Reporter daran gescheitert war, die Bedeutung des Themas klarzumachen.

Was es auch war, im Rückblick wirkt das Verhalten der Kollegin symptomatisch für die Gesellschaft der Zeit: Technologie galt als Nischenthema. Noch fehlte ein Bewusstsein, welche Macht mit dem Zugang zu Daten einherging. Paradoxerweise hatte sich gleichzeitig eine gewisse Selbstgefälligkeit breit gemacht: eine «Alles schon mal gesehen»-Haltung, da viele das Internet seit mehr als einem Jahrzehnt regelmäßig nutzten. Als die deutsche Bundeskanzlerin Angela Merkel im Sommer 2013 vor dem Hintergrund von Snowdens Enthüllungen warnte, das Internet sei technologisches «Neuland» mit völlig neuen Gefahren, wurde sie zum Gespött der Netzgemeinde.

Dabei, so lässt sich mit Distanz sagen, hatte Merkel Recht. Denn zur gleichen Zeit erzielten anderswo auf der Welt Forschende technologische Durchbrüche, die revolutionieren würden, wie wir aus Daten neue Erkenntnisse ziehen. Sie würden radikal verändern, wie Social-Media-Plattformen entscheiden, was wir zu sehen bekommen und so stillschweigend einen Vorläufer der *Mind-Reading AI* in unseren Alltag lassen. Und sie würden ein Jahrzehnt später die Grundlage dafür bilden, warum TikTok in Buenos Aires so gut darin zu sein scheint, mein Denken zu verstehen – und das, obwohl diese ersten Erfolge scheinbar noch so gar nichts mit unseren Gedanken zu tun hatten.

Die stille Revolution: Maschinelles Lernen und Deep Learning

Die ersten Anzeichen großer technologischer Disruptionen zeigen sich oft an den Rändern der Forschung: in Durchbrüchen, die parallel, aber nicht selten isoliert und ohne direkten Bezug zueinander stattfinden. Von dort dringen sie, zunächst unbemerkt, immer weiter in den Mainstream vor – wo sie in Einzelfällen schließlich, oft Jahre später, zu einem Megatrend verschmelzen.

So interessierte sich im Jahr 2012 außerhalb der Fachwelt niemand für einen internationalen Software-Wettbewerb, der auf Initiative der Computerwissenschaftlerin Fei-Fei Li zwei Jahre zuvor ins Leben gerufen worden war. Die teilnehmenden Teams kamen aus der ganzen Welt, von Tokio bis Jena. In einem Wettstreit ließen sie ihre Computerprogramme gegeneinander antreten. Aufgabe war es, mithilfe von KI in einer riesigen Bilddatenbank möglichst viele Objekte zu erkennen. Dabei stach ein Programm namens AlexNet, eingereicht von Computerwissenschaftlern aus dem kanadischen Toronto, aus dem Feld hervor: Mit seiner Genauigkeit ließ es sowohl seine Konkurrenz als auch die Erstplatzierten der Vorjahre weit hinter sich.[1]

Ein Jahr später veröffentlichte auf der anderen Seite des Atlantiks ein aufstrebendes Londoner Start-up namens DeepMind die Ergebnisse eines Experiments.[2] Forscher dort hatten einem Computer beigebracht, Videospiele der legendären Atari 2600-Konsole zu spielen. Als sie das Programm anschließend gegen Menschen antreten ließen, schlug es diese in drei Spielen. Zur Verblüffung seiner Entwickler hatte es dabei auch völlig neue Strategien angewandt, an die sie selbst nicht gedacht hätten.

Die beiden Erfolge, so unterschiedlich sie auf den ersten Blick scheinen, gelten als die prominentesten Durchbrüche in einem

Teilgebiet der KI, das für die Entwicklung der *Mind-Reading AI* entscheidend ist, dem *Deep Learning*. Es ist eine Variante des maschinellen Lernens. Der Kerngedanke ist, dass Computer sich Zusammenhänge in Daten selbst erschließen: Sowohl die kanadische Bilderkennungssoftware AlexNet als auch die Strategiespiel-KI von DeepMind hatten sich auf diese Weise selbst trainiert.

Die Idee reicht bis in die Mitte des 20. Jahrhunderts zurück. Interessanterweise galt Forschenden von Anfang an unser Gehirn dabei als *proof of concept*: als Nachweis, dass die Idee prinzipiell durchführbar war. Denn wenn wir Menschen dank eines rund 1,4 Kilogramm schweren, faltigen Klotzes Materie in unserem Schädel so viel Verschiedenes – vom Sprechen übers Laufen bis hin zum gesunden Menschenverstand – lernen können, ohne dafür explizite Anweisungen zu bekommen, so die Theorie, sollte sich dieser Prozess auch künstlich nachahmen lassen.

Auch bei der Frage nach dem «Wie» ließen sich Forschende von der Funktionsweise unseres Gehirns inspirieren. Seit Ende des 19. Jahrhunderts hatte die Medizin zunehmend verstanden, dass in unserem Gehirn viele, viele Nervenzellen miteinander interagieren. Wenn wir Neues lernen, bilden diese neue Verbindungen. Um Computer ähnlich selbstständig lernen zu lassen, so folgerten die Forschenden daraus, müsste man diesen Lernprozess technisch nachahmen. Dafür entwarfen sie schon in den 1940er Jahren die Idee «künstlicher neuronaler Netze», die abstrakt die Struktur des Gehirns imitieren sollten.

In den folgenden Jahrzehnten wurde jedoch deutlich, dass das Erlernen komplexer Sachverhalte weitaus aufwendiger war, als ursprünglich gedacht. Deshalb setzte sich die Überzeugung durch, dass die Programme, vereinfacht ausgedrückt, nicht nur einen Lernzyklus durchlaufen sollten, sondern viele solcher Runden. Diese wären in Schichten übereinander angeordnet. Mit jedem zusätzlichen Lernvorgang würden die Programme wie bei einer geologischen Bohrung immer tiefer in die Materie vordringen. Umso tiefer sie gelangten, umso mehr verborgene Muster würden sie finden, umso komplexere Sachverhalte würden sie verstehen und umso intelligenter würden sie werden.

Wieder und wieder versuchte die Forschung, diese Idee in die Tat umzusetzen. Aber die Computerleistung der Zeit reichte nicht aus. Praktische Anwendungen stießen immer wieder an ihre Grenzen, bis sich in den 1970ern und 1980ern Resignation breit machte, sich ein KI-Winter über das Feld legte und vieles zum Stillstand kam.

Das änderte sich in den frühen 2000er Jahren. Verschiedene Faktoren, darunter bessere Computer und immer größere Datenmengen, führten zu einer Renaissance der Idee künstlicher neuronaler Netze, die nun *Deep Learning* genannt wurden – und ermöglichten schließlich, gekoppelt mit anderen KI-Ansätzen und einem innovativen Einsatz der Technologie, die kanadischen und britischen Durchbrüche. Die Fachwelt war in Aufruhr. Die breite Öffentlichkeit dagegen nahm kaum Notiz und diskutierte stattdessen wochenlang Merkels «Neuland»-Kommentar.

«KI war immer noch ein randständiges Diskussionsthema, ein Forschungsgebiet am Rande», erinnerte sich Mustafa Suleyman, einer der Gründer von DeepMind, zehn Jahre später in seinem Buch *The Coming Wave*. «Doch binnen weniger Jahre sollte sich das alles ändern, als diese neue Generation von KI-Techniken auf die Weltbühne explodierte.»[3]

Kuratiert von Computern: Algorithmen und Blackboxes

Rückblickend wird deutlich, dass die Durchbrüche im *Deep Learning* eine Entwicklung mit weitreichenden Konsequenzen in Gang setzten. Denn egal, was wir zu der Zeit online machten: Im Hintergrund wurde ab Mitte der 2010er Jahre auf technischer Ebene immer mehr Entscheidungsmacht an Computer übertragen. KI spielte dabei die zentrale Rolle.

Mir fielen erste Signale dieses Wandels rund um das Jahr 2017 auf. Ich hatte 2013 nach meinem Volontariat die Deutsche Welle verlassen und war nach kurzer Zeit beim Spiegel als Stipendiat an die Journalistenschule der Columbia-Universität in New York gegangen, wo ich in einem kleinen Graduiertenprogramm das Handwerk des politischen Journalismus lernte. Dort wurde das amerikanische Politikmagazin Politico auf meine Arbeit aufmerksam. In den Jahren zuvor hatte die neue Publikation Washington aufgemischt, unter anderem mit einem eigenen Digitalpolitik-Ressort. Im Jahr 2015 sollte Europa dran sein. Neben einer Stammredaktion in Brüssel suchte Politico dafür feste Korrespondenten in den großen europäischen Hauptstädten. Ich wurde einer von zweien in Deutschland und zog zurück nach Berlin.

Im Herbst 2017 traf ich einen Banker, den ich noch aus New York kannte und der nun für eine große Investmentbank die Tech-Branche im Silicon Valley beobachtete. Hinter den Kulissen, so berichtete er, sprächen dort alle über künstliche Intelligenz: Jüngste Entwicklungen machten Dinge möglich, von denen Forschende seit Jahrzehnten träumten. Jeder große Tech-Konzern würde massiv in das Feld investieren, einschließlich Grundlagenforschung.

Ich rief ein paar meiner «Quellen» im Inneren der Firmen an.

Sie bestätigten, was der Banker gesagt hatte. Mittlerweile, so fügten sie hinzu, tobe ein erbitterter Kampf um die schlausten Köpfe im Feld: Alle drei Wissenschaftler hinter dem kanadischen AlexNet-Durchbruch waren von Google abgeworben worden.[4] Auf der anderen Seite des Ozeans hatte der Tech-Riese das einstige Londoner Start-up DeepMind gleich ganz gekauft. Auch andere KI-Koryphäen arbeiteten nun direkt oder indirekt für Industrie-Giganten wie Facebook oder Amazon.

Es war eine Form des Braindrains von der öffentlichen Forschung hin zur Industrie, die ich so noch nicht gesehen hatte. Heute ist klar: Die Firmen hatten erkannt, wie sehr KI ihnen dabei helfen würde, Menschen maßgeschneiderte Inhalte zu präsentieren, die sie besonders interessieren.

Das bringt uns zu *Algorithmen*. Im Kern sind sie Anleitungen, was Computer tun sollen. So wie ein Kochrezept uns Instruktionen gibt, wie viele Zutaten wir einkaufen und wie wir sie zubereiten sollen, sagt ein Algorithmus einem Computer, welche Schritte er in welcher Reihenfolge ausführen soll, um eine bestimmte Aufgabe zu erfüllen. Wenn der Ablauf wie bei einem Rezept vorhersehbar ist und stets zum gleichen Ergebnis führt, spricht man von «deterministischen Algorithmen».

Dem gegenüber steht das maschinelle Lernen, einschließlich *Deep Learning*, bei dem Computer Muster in Daten selbst erkennen. Während sie diese durchforsten, passen sie ihre internen Parameter immer weiter an das an, was sie schon gelernt haben, und werden dabei immer besser.

Wann immer wir eine Online-Plattform öffnen, sei das TikTok, Instagram oder Facebook, bestimmt im Hintergrund ein Algorithmus, welche Inhalte wir sehen. In den Kindertagen sozialer Medien während der 2000er Jahre folgten diese Algorithmen noch mehr oder weniger einem deterministischen Prinzip: Wer bestimmten Menschen, Seiten oder Gruppen folgte, sah ihre Inhalte und entsprechende Werbung. Im Laufe der *Deep Learning*-Revolution in den 2010er Jahren jedoch begannen die Plattformen damit, ihre Algorithmen zunehmend mit maschinellem Lernen anzureichern. Von nun an zeigten ihre Timelines uns nicht mehr nur das, was unsere Bekannten oder Lieblingsseiten veröffentlicht hatten. Stattdessen entwickelten sich die Feeds immer mehr zu einer personalisierten Auswahl, die ein Algorithmus getroffen hatte, nachdem er zuvor riesige Massen von Daten auf Muster durchsucht und uns immer besser verstanden hatte. Dabei gilt in der Regel beim *Deep Learning*: Je größer der Datensatz, mit dem ein KI-Modell trainiert wird, je mehr Variablen die Systeme berücksichtigen und je mehr «Datenschichten» sie durchwühlen, umso treffsicherer werden die Systeme.

Das Problem dabei ist, dass Programmierer:innen irgendwann selbst nicht mehr ganz nachvollziehen können, was im Inneren ihrer Software passiert. Die Systeme werden zu De-facto-Blackboxes, bei denen wir zwar Input und Output kennen, aber nicht wissen, wie genau sie zu ihren Ergebnissen kommen.

Dieses Paradox ist bezeichnend für die meiste KI, die heute im Einsatz ist: Je undurchschaubarer die Blackbox, umso zuverlässiger wirken ihre Resultate, zumindest auf den ersten Blick. Je weniger wir verstehen, warum die Systeme tun, was sie tun, umso effektiver scheinen sie ihre Aufgaben zu erfüllen.

Das wirft zahlreiche Probleme und ethische Fragen auf, die im Laufe dieses Buchs zur Sprache kommen werden. Für die Online-Netzwerke der 2010er Jahre jedoch waren diese zweitrangig. Ihre Priorität lag darin, uns möglichst attraktive Inhalte zu präsentieren und uns möglichst lange auf ihren Plattformen zu halten. Mithilfe von *Deep Learning* gelang ihnen das besser als je zuvor. Und so gaben die Firmen ihren Algorithmen mehr und mehr Kontrolle über das, was wir sahen – und wurden dabei gleichzeitig immer besser darin, Rückschlüsse auf unser Denken zu ziehen.

Lernende Systeme: Warum TikTok unsere Gedanken zu kennen scheint

• *Buenos Aires, Argentinien*

Keine andere Plattform steht so sehr für diesen Paradigmenwechsel, wie die App, die mich auf der Terrasse in Buenos Aires in ihren Bann zieht: TikTok.

Die App ist in vielerlei Hinsicht ein Kind der *Deep Learning*-Revolution: Das Programm kam 2016 unter dem Namen Douyin in China und ein Jahr später als TikTok international auf den Markt. Schon bei der Entwicklung, so CEO Shou Zi Chew auf einer Veranstaltung der Innovationskonferenz TED 2023, sei die Leitidee gewesen, «Menschen Inhalte nicht danach zu zeigen, wen sie kennen, sondern danach, was sie mögen»[5]. Algorithmische Entscheidungsfindung würde dafür zentral sein.

So wie Coca-Cola seine Rezeptur geheim hält, schweigt sich die Firma über die Details ihres Algorithmus aus. Die Grundprinzipien jedoch sind bekannt. Sie liefern Hinweise darauf, wie TikTok mir bei meiner Ankunft in Argentinien Inhalte zeigen konnte, die so gut zu meiner Situation passten.

Zunächst wusste die App, dass ich im Land bin, weil sie mit meiner Zustimmung Standortdaten auswertet. Jedes Mal, wenn ich sie öffne, teilt mein Handy der Software mit, wo ich mich gerade befinde, und sie berücksichtigt das in der Auswahl der Videos. Es ist ein Beispiel für einen «klassischen» deterministischen Algorithmus. Diese spielen bei TikTok im Gegensatz zu den Anfängen der Online-Plattformen in den 2000er Jahren allerdings eine untergeordnete Rolle.

Für die maßgebliche Frage, warum die Software mich und meine Interessen so gut zu verstehen scheint, ist maschinelles Lernen entscheidend: Von dem Moment an, in dem ich TikTok zum ersten Mal öffne, analysiert die App, wie lange ich mir welche Clips anschaue, wann ich schnell weiter wische oder wann mir ein Video vielleicht gar so gut gefällt, dass ich es mehrmals hintereinander ansehe. So zieht sie Rückschlüsse darauf, was mich anspricht. Im nächsten Schritt zeigt sie mir nun weitere Videos, die anderen Menschen mit ähnlichen Interessen gefallen haben.

Nehmen wir an, die Software registriert, dass mir Videos 1,2,3 und 4 gefallen; einem anderen TikTok-Nutzer Videos 1,2,3 und 5; und wieder einer anderen Nutzerin Videos 1,2,3 und 6. Daraus erschließt sich der Algorithmus, vereinfacht gesprochen, dass wir ähnliche Interessen haben. Er zeigt mir daher als nächstes Videos 5 und 6, dem anderen Nutzer Videos 4 und 6, und der Nutzerin Videos 4 und 5. Dieses Prinzip wiederholt das Programm laut CEO Chew «gleichzeitig in Echtzeit mit mehr als einer Milliarde Menschen».

Als TikTok mir die ersten Videos auf Spanisch gezeigt hat, muss sich mein Verhalten gedeckt haben mit dem anderer Menschen, die auch Spanisch verstehen. Dasselbe gilt für den Inhalt von queeren Accounts: Meine Reaktion muss überdurchschnittliches Interesse signalisiert haben.

Nicht ich sage TikTok, was mich interessiert. Die App bringt es sich in einem vielschichtigen Trial-and-Error-Spiel selbst bei, indem sie mein Verhalten analysiert und das Ergebnis blitzschnell mit Erkenntnissen aus seinem weltweiten Datenschatz abgleicht. So entsteht der Feed, den TikTok mir zeigt: eine einzigartige Auswahl von Clips, die so niemand anderes sieht. Mit jedem Video, das ich schaue, versteht die Software meine Interessen ein bisschen besser. Das erklärt, warum manche TikTok-User vom Gefühl sprechen, dass der Algorithmus sie zeitweise besser kenne, als sie sich selbst.

Um es klar zu sagen: Das tut er nicht. Was TikTok uns zeigt, ist im Endeffekt nur das Ergebnis vieler, vieler Schritte, die ein Computerprogramm auf einem Server irgendwo anders in der Welt ausführt; das Resultat tiefer und rasanter Bohrungen in einem riesigen virtuellen Datenberg. Apps wie Instagram, Snapchat oder eben TikTok lesen keine Gedanken, zumindest noch nicht. Was in ihrem Inneren passiert, ist komplexe Mathematik. Was sich wie Gedankenlesen anfühlen kann, ist in Wirklichkeit ein statistisches «Gedanken-Schätzen».

Und doch stellen die Plattformen den wohl wichtigsten Wegbereiter der *Mind-Reading AI* von morgen dar. Ihre massenweite Verbreitung hat uns daran gewöhnt, dass Technologie verblüffend gut zu verstehen scheint, wonach uns gerade der Sinn steht. Was für viele Menschen vor zwanzig Jahren noch wie Magie geklungen hätte, fällt uns heute kaum noch auf.

Und das ist nicht alles. Denn es könnten nicht nur die interessanten Inhalte von TikTok sein, die es mir auf der Terrasse in Buenos Aires so schwer machen, das Handy beiseitezulegen. Es verdichten sich auch wissenschaftliche Hinweise, dass wir bei regelmäßiger Nutzung ein suchtartiges Verhalten aufweisen könnten. Diesen Prozess zu verstehen, ist entscheidend – für die Apps, die wir heute benutzen, genau wie für die *Mind-Reading AI* von morgen. Betrachten wir deshalb zunächst kurz, wie sich die Forschung heute generell erklärt, dass wir Abhängigkeiten entwickeln.

Dopamin-Kapitalismus: Wie Plattformen unsere Aufmerksamkeit kapern

Unser Gehirn ist eines der komplexesten Systeme, die wir kennen. Es besteht aus schätzungsweise 86 Milliarden winzigen Nervenzellen: eben den Neuronen, die namensgebend für die «künstlichen neuronalen Netze» der Computerwissenschaft sind. Sie kommunizieren miteinander durch elektrische Impulse.

Für den Transport dieser Signale brauchen sie Botenstoffe. Einer dieser Neurotransmitter ist Dopamin. Neben vielen anderen Funktionen spielt es eine zentrale Rolle für unser Belohnungssystem: Wenn wir etwas Erfreuliches erleben, von Essen über Sex bis hin zum Anblick eines Sonnenuntergangs, wird es in bestimmten Gehirnregionen ausgeschüttet und wir fühlen uns gut. Dasselbe geschieht, nur noch viel intensiver, beim Konsum von Drogen. So speichert das Gehirn einen Drogenrausch als etwas besonders Gutes ab und wir wollen mehr. Wiederholen wir diese Erfahrung mehrfach, werden wir, vereinfacht gesprochen, süchtig. Deshalb messen Forschende die Aktivität in den Dopamin-Zentren des Gehirns, um zu verstehen, wie stark eine Substanz abhängig macht: Je schneller und je mehr Dopamin ausgeschüttet wird, so die Faustregel, desto höher ist das Suchtpotenzial.

Allerdings wird Dopamin nicht erst beim Konsum freigesetzt, sondern auch schon kurz davor in Erwartung auf das, was kommt. Ein Experiment mit Laborratten an der Universität von North Carolina illustrierte das: Zunächst machten Forschende die Tiere abhängig von Kokain. Dann brachten sie ihnen durch Wiederholung bei, dass sie den nächsten Schuss injiziert bekämen, sobald eine Lampe anging und sie auf einen Knopf drückten. Gleichzeitig untersuchten sie die Gehirnaktivität der Tiere. Dabei erkannten sie, dass Aktivität in ihren Dopamin-Zentren nicht erst im Moment der Injektion aufflammte – sondern in geringerem Umfang schon, als das Licht anging. Die Gehirne der Tiere hatten die Lampe als Signal abgespeichert, dass der nächste Schuss nah war. Nun war es allein die Erwartung auf den Kick, die für einen ersten Dopaminausstoß sorgte.[6]

Dopamin, so leitete die Forschung daraus ab, ist also nicht nur «Glückshormon», sondern auch der Botenstoff des «Haben-Wollens». Es war eine wichtige Erkenntnis für die Frage, warum es uns so schwerfällt, unseren Süchten abzuschwören, so die amerikanische Psychiaterin Anna Lembke in ihrem Buch *Dopamine Nation:*[7] Abhängigkeiten scheinen unsere Gehirne so umzuprogrammieren, dass allein beim Gedanken an den Konsum ein erster kleiner Dopaminstoß das Gehirn flutet. Danach fällt der Dopaminspiegel unter den «Normalzustand». Das Gehirn will dieses Ungleichgewicht ausgleichen. Das Craving nach der Droge wird stärker und stärker. So erklärt Lembke unter anderem, warum suchtkranke Menschen die kurzfristige «Belohnung» eines Kicks vorziehen, obwohl sie von den negativen, langfristigen Konsequenzen ihres Konsums wissen.

Wichtig in unserem Kontext ist, dass das nicht nur für Substanzen gilt, sondern auch für Verhaltenssüchte wie Spielsucht oder Videospielabhängigkeit. Zwar funktioniert die Abhängigkeit dort auf neuronaler Ebene etwas anders; gemeinsam ist ihnen jedoch, dass das Belohnungssystem unseres Gehirns immer wieder von ungewöhnlich starken Dopamin-Kicks geflutet zu werden scheint. Nun stellt sich die Frage: Passiert Ähnliches in unseren Gehirnen, während wir uns durch die Inhalte von Plattformen wie TikTok scrollen?

Im Jahr 2021 untersuchte eine Gruppe chinesischer Forschender an der Zhejiang-Universität die Auswirkungen des TikTok-Äquivalents Douyin auf das Gehirn.[8] Dazu zeigten sie dreißig Nutzer:innen zwischen neunzehn und dreißig Jahren sechs Minuten lang Videos aus ihrem eigenen, algorithmisch kuratierten Video-Stream, sowie weitere sechs Minuten lang Clips, die nicht personalisiert worden waren.

Nicht nur maßen sie beim Schauen aller Clips signifikante Aktivität in Dopamin-produzierenden Hirnregionen, die als wichtig für Suchtverhalten gelten. Bei den personalisierten Videos verzeichneten sie darüber hinaus auch Aktivität in anderen

Bereichen, die eine relevante Rolle für Abhängigkeit spielen können.

Weitere Untersuchungen mit einer größeren Zahl von Proband:innen sind nötig, aber diese frühen Ergebnisse weisen darauf hin, dass das Design vergleichbarer Apps einen suchtähnlichen Konsum fördern könnte. Der Personalisierungs-Algorithmus scheint dabei wie ein Turbo zu agieren.

Die Gehirnaktivität, das sei klar gesagt, ist deutlich schwächer als beim Konsum von Drogen wie Kokain. Und doch scheint beim Scrollen auf Plattformen wie TikTok, wo Clips oft nur fünfzehn Sekunden dauern, ein Dopamin-Kick den nächsten zu jagen. Bleiben wir lange auf den Plattformen, werden möglicherweise innerhalb kürzester Zeit unnatürlich große Mengen ausgeschüttet, so die Psychiaterin Lembke.

Folgt man dieser Hypothese, könnte das erklären, warum es sich zunächst so gut anfühlt, als ich in Buenos Aires TikTok öffne. Es ist wohl das Dopamin, das irgendwo in meinem Gehirn ausgeschüttet wird. Und deshalb fällt es mir wahrscheinlich so schwer, das Handy wieder wegzulegen. Nach jedem Kick scheint ein kleines Dopamin-Defizit einzusetzen und ich will mehr. Also wische ich mit meinem Daumen über das Display meines Smartphones zum nächsten Clip, in der Erwartungshaltung auf etwas noch Interessanteres.

Macht TikTok also süchtig? Gerne hätte ich mit der Plattform selbst darüber gesprochen, um ihre Einschätzung wiederzugeben. Aber die Firma vertröstete mich über Monate hinweg immer wieder und ließ meine Interviewanfrage zuletzt unbeantwortet. Als ich im Februar 2024 in anderem Kontext darüber berichtete, dass die Europäische Union Untersuchungen eingeleitet hatte, ob TikToks Design «suchterzeugend» sei, stellte ich die Frage schriftlich per Email. In ihrer Antwort ging eine Sprecherin nicht darauf ein und wies stattdessen darauf hin, dass die Firma «weiterhin mit Expert*innen und der Industrie zusammenarbeiten [würde], um junge Menschen auf TikTok zu schützen.»

Phantomschmerz: Smartphones und ihr Suchtpotential

• *Cabo Raso, Argentinien*

Mitte Dezember schließe ich die Wohnung in Buenos Aires zu und fahre zum Inlandsflughafen der Stadt. Zwei Stunden dauert der Flug in die weiten Ebenen im Norden Patagoniens. Dort belade ich meinen verrosteten VW Polo mit Wasser und mache mich auf den Weg ins Geisterdorf Cabo Raso. Bei meiner Ankunft sagt mir Bruno, ich sei der einzige Gast. Sonst sei niemand hier, weder irgendwelche Abenteuerlustige noch die Surfer, die sich immer mal hierher verirren: «Im Umkreis von hundert Kilometern sind wir beide wohl die einzigen Menschen.»

Es wird Abend, als ich das erste Mal die Küste des Kaps, das der zerfallenen Siedlung ihren Namen gibt, herunterlaufe. Ende des 18. Jahrhunderts erforschten Seefahrer im Auftrag der spanischen Krone die Küste Patagoniens. Als sie die flache Landzunge entdeckten, die aus der unwirtlichen Landschaft heraus in den Ozean ragte und wie ein natürlicher Hafen den Landgang ermöglichte, tauften sie den Ort *cabo raso*, flaches Kap. Es ist ein so wunderschöner wie unbehaglicher Ort. Verteilt über den Muschelstrand liegen die Skelette von Seelöwen. Draußen im Wasser soll eine Familie von Killerwalen patrouillieren. Über mir kreischen die Möwen.

Während ich über die Felsen balanciere, merke ich, wie meine Hand immer wieder nach dem Smartphone in meiner Hosentasche greift. Ich habe es dabei, um Fotos zu machen; Empfang gibt es ja keinen. Trotzdem habe ich immer wieder das Gefühl, dass es vibriert. Und immer wieder erwische ich mich dabei, wie ich auf sein Display schaue, obwohl ich genau weiß, dass dort nichts Neues zu erwarten ist.

Laut der Psychiaterin Lembke sind das Anzeichen einer Sucht. Denn all die Apps auf unseren Handys, so Lembke, sind wahre «Dopamin-Fabriken». Über Jahre der Smartphone-Nutzung hat unser Gehirn gelernt, dass jeder Blick auf den Bildschirm neue Benachrichtigungen bedeuten kann. So hat es diese Handlung als potenzielle Belohnung abgespeichert. Deshalb spielt mir mein Gehirn Streiche und suggeriert in einer Art von Phantomschmerz, dass das Gerät in meiner Hosentasche vibriert, obwohl ich längst alle Vibrationen ausgestellt habe und eigentlich weiß, dass ich mich im digitalen Nirgendwo befinde.

«Diese Abhängigkeits-Schleifen funktionieren autonom», wird mir Lembke später sagen, als ich ihr davon erzähle. So funktioniere Abhängigkeit: Sie nehme unser Gehirn als Geisel und setze andere Bereiche zeitweise quasi außer Funktion.

Im Prinzip sei mein Verhalten an der Küste Patagoniens gar nicht so anders als das, was ihr ein alkoholkranker Patient geschildert habe: Vor einem Rückfall sei er in einem fast dissoziativen Zustand gegen alle Vorsätze in eine Bar gefahren und habe dort einen Drink bestellt, ohne sich selbst stoppen zu können. Obwohl mein Gehirn rational weiß, dass auf meinem Handy keine neuen Informationen sein können, «feuert die Abhängigkeits-Schleife weiter». Deshalb habe ich das Gefühl, dass das Gerät vibriert; deshalb reagiere ich auf den Reiz mit dem Verhalten, das mein Gehirn dafür abgespeichert hat.

Lembke ist im Laufe der letzten Jahre zur wohl prominentesten warnenden *Kassandra* im Feld der klinischen Psychiatrie aufgestiegen. Unverblümt nennt sie die massenhafte, ununterbrochene Smartphone-Nutzung unserer Generation eine Abhängigkeit. Weil unser Handy wie kaum ein anderes Suchtmittel ständig verfügbar ist, sei es besonders schwierig, dieser Sucht abzuschwören. So würden wir auf der Suche nach immer neuen kleinen Dopamin-Kicks immer abhängiger von den Geräten. Gleichzeitig seien wir zunehmend in einer Spirale gefangen. Denn wie bei jedem Suchtmittel nutze sich die Wirkung ab. So müsse ständig die Dosis gesteigert werden, um eine ähnliche Befriedigung zu erreichen. Mehr und mehr würden wir so «zu endlos Strebenden, die nie mit dem zufrieden sind, was sie haben, und immer nach mehr suchen»[9].

Andere Forschende stören sich an Lembkes Gebrauch des Wortes «Abhängigkeit». Sie argumentieren, dass noch nicht klar sei, ob es sich dabei um eine eigenständige klinische Erkrankung handelt oder man sie als Symptom anderer zugrunde liegender psychischer Störungen verstehen sollte, und weisen darauf hin, dass es bisher keine klare Diagnosekriterien gibt. Auch das psychiatrische Standardwerk *Diagnostic and Statistical Manual of Mental Disorders*, zuletzt aktualisiert im Jahre 2022, listet keine «Smartphone-Abhängigkeit» auf. Gleichzeitig belegen allerdings verschiedene Meta-Studien, dass viele Menschen im Umgang mit Smartphones ein suchtähnliches Verhalten zeigen.[10, 11] Das Problem, das im nicht-medizinischen Sprachgebrauch als «Handysucht» bekannt geworden ist, ist also real – darüber bestehen auch in der Fachwelt keine Zweifel mehr.

‹Das Medium ist die Botschaft›

Als am Horizont das Wrack eines Hochsee-Fischkutters auftaucht, merke ich, wie sich Dunkelheit über Cabo Raso legt und drehe um. Zurück in der Herberge esse ich vom Tintenfisch, den Bruno gekocht hat, und lege mich schlafen. Außer Meeresrauschen und den Rufen von Tieren ist nichts zu hören. Ich widerstehe dem

Drang, einen der Podcasts anzumachen, die ich vor meiner Abreise heruntergeladen habe, und liege wach.

Irgendwann geht mir ein Satz durch den Kopf, dem ich das erste Mal Mitte der 2000er Jahre als Student der Medienwissenschaften begegnet bin: Im Jahr 1964 schrieb der Medientheoretiker Marshall McLuhan in seinem Buch *Understanding Media*: «Das Medium ist die Botschaft.»[12] Jahrzehnte vor Anbruch des digitalen Zeitalters entwarf McLuhan die Idee, dass auch die Beschaffenheit der Medien, mit denen wir kommunizieren, unser Denken und Verhalten beeinflusst. Erst schaffen wir Technologie. Danach prägt und verändert sie uns.

Seit meinen Uni-Tagen habe ich das anhand von Smartphones am eigenen Leib erfahren: Obwohl ich zwanzig Jahre ohne sie aufgewachsen bin, ist ein Leben mit ihnen mittlerweile zum Normalzustand geworden. Situationen ohne mein Handy irritieren mein Gehirn. Den allermeisten von uns geht es so. Gleichzeitig haben wir uns über die Jahre daran gewöhnt, dass uns die Apps auf den Geräten Inhalte zeigen, die auf unsere Bedürfnisse zurechtgeschnitten sind. So fühlt es sich zunehmend normal an, dass Technologie zu verstehen scheint, was wir denken. Dabei verändert sich im Sinne von McLuhans zentraler These die Art und Weise, wie wir die Welt wahrnehmen.

Unsere Smartphones sind das sichtbarste und unmittelbarste Symptom dieser Transformation. Aber sie sind bei weitem nicht die einzige Technologie, mit der versucht wird, Rückschlüsse auf unser Innenleben zu ziehen. Und es sind nicht nur profitorientierte Firmen, die sich für unsere Gedanken interessieren. Genauso großes Interesse zeigen Regierungen und ihre untergeordneten Behörden. Das muss nichts Schlechtes sein: Zu verstehen, was Menschen in ihrem Einflussbereich denken und fühlen, kann der Politik erlauben, deren Bedürfnisse und Ängste zu verstehen und Maßnahmen dementsprechend auszurichten. Aber bis zu welchem Grad ist ein solches Interesse legitim? Und wann beginnt eine übergriffige Überwachung?

Ich lebe, so geht es mir in der Wildnis Patagoniens durch den Kopf, mein Leben und mache meine Arbeit als Journalist mit den Privilegien einer westlichen Demokratie. Ich darf denken, schreiben und sagen, was ich will, ohne Repressalien zu fürchten. Doch das ist nicht selbstverständlich.

Zeiten ändern sich. Regierungen kommen und gehen. Gesellschaften, die lange Zeit als Demokratien galten, können sich in einem Prozess der schleichenden Erosion hin zu autoritären Systemen verändern. Technologien, die unsere Gesellschaften besser machen können, können zu Mitteln der Unterdrückung werden. Und oft sind es Menschen am Rande der Gesellschaft und Minderheiten, die das zuerst zu spüren bekommen.

2
Emotionserkennung
Wie mit KI versucht wird, unsere Emotionen zu verstehen

• *Hyderabad, Indien*

Im April 2022 stand ich schwitzend in den stickigen Gassen von Hyderabad und merkte, wie S. Q. Masoods Nervosität die Oberhand gewann. «Lass uns hier weg», drängte er und schaute sich besorgt um. «Wir treffen uns am *Charminar.*» Er sprang auf sein Mofa und brauste davon. Ich scheuchte meinen Kameramann und seinen Assistenten in unser Taxi und atmete auf. Vor dem Fenster zogen die maroden Fassaden der Altstadt vorbei. Hier wohnten die Armen der Stadt. Die gläsernen Wolkenkratzer, die in anderen Vierteln in den Himmel ragten, wirkten weit weg.

«Was war?», fragte ich Masood, als wir uns kurz darauf bei dem Wahrzeichen der Millionenmetropole wiedertrafen, einem beeindruckenden Torbau mit vier Minaretten. Er zuckte mit den Schultern, wirkte verunsichert. Masood wollte nicht weiter darüber sprechen, das schien klar, und ich ließ es dabei bewenden.

Ein Jahr zuvor war ich von Politico zur Deutschen Welle zurückgekehrt. Als *Chief Technology Correspondent* war ich zuständig für die Berichterstattung des Senders über Digitalpolitik und künstliche Intelligenz. Meine Hauptaufgabe bestand in der Anfangszeit darin, eine Serie von Dokumentarfilmen zu recherchieren und umzusetzen. Diese *Techtopia*-Reihe sollte aufdecken, wie Technologie still und leise das Leben von Menschen rund um die Welt verändert. In einer Folge wollten wir zeigen, wie Regierungen *Big Data*-Analysen und KI nutzten, um unser Leben besser zu machen – oder aber, um uns in nicht gekanntem Ausmaß zu überwachen.

Zunächst hatten wir überlegt, uns auf China zu konzentrieren: In den Jahren zuvor hatten westliche Medien und Menschenrechtsorganisationen darüber berichtet, wie das autoritäre Regime in Beijing Technologie einsetzte, um seine Bevölkerung zu überwachen und Menschen mittels eines Sozial-Kreditsystems zu bewerten. Gleichzeitig nutzte China seinen wachsenden High-Tech-Apparat, so die Berichte, um Minderheiten systematisch zu unterdrücken.[1]

Dann aber gaben uns indische Kolleginnen und Kollegen einen Tipp: Besorgt erzählten sie, dass Behörden auch in ihrem Heimatland eine hochtechnologisierte Überwachungs-Infrastruktur aufbauten. Bei unserer Recherche stießen wir auf den Fall eines Manns im indischen Hyderabad. Medienberichten zufolge war er vor Gericht gezogen, um von der Polizei Informationen darüber zu erstreiten, wie diese seine persönlichen Daten verarbeitete. Es war ein Novum in dem 1,42-Milliarden-Land.

Ein paar Tage später sprachen S. Q. Masood[2] und ich das erste Mal über Zoom. Er war ein zurückhaltender Mann mit ruhiger Stimme und verschmitztem Grinsen. Von Anfang an hatte ich das Gefühl, dass hinter seiner Geschichte mehr steckte als das, was in den kurzen Nachrichtenartikeln stand. Also beschloss ich, zu ihm in den Süden Indiens zu reisen.

Dort erfuhr ich vor Ort, wie Regierungen und Behörden zunehmend Daten aus verschiedenen Quellen verknüpfen und diese riesigen Informationsmengen mit *Big Data* durchforsten, um immer detailliertere Informationen über Bürger:innen zu sammeln. Ich nahm erste, noch schwache Signale eines Wandels wahr, der sich allmählich abzeichnete: Anzeichen dafür, wie staatliche Behörden diese wachsenden Datenbestände auch nutzen könnten, um Rückschlüsse auf das psychische Innenleben von Menschen zu ziehen.

Mitentscheidend dafür werden KI-Programme sein, die unser äußeres Erscheinungsbild analysieren, um unsere Emotionen zu erfassen: sogenannte «Affekt»- oder «Emotionserkennung». Die Geschichten der Menschen, die ich in Hyderabad traf, gaben mir einen Eindruck davon, wie diese Technologie dazu beitragen könnte, unsere Gesellschaften sicherer zu machen – oder, wie sie die Überwachung auf ein völlig neues Level heben könnte.

Die Überwachungs-Hauptstadt

Als ich in Hyderabad ankam, fielen mir als erstes die allgegenwärtigen Kameras auf, die überall hingen. Daneben wiesen rot-blaue Schilder darauf hin, dass die Gegend unter elektronischer Überwachung stand. Diese Kameradichte hatte der «Stadt der Perlen», wie Hyderabad lange Zeit wegen seines Perlenhandels genannt wurde, in den letzten Jahren einen neuen Beinamen eingebracht: «Überwachungs-Hauptstadt Indiens».

Die Metropole ächzte, wie große Teile des Landes, unter einer Hitzewelle. Es war der heißeste Frühling seit Beginn der Wetteraufzeichnungen vor über 120 Jahren. Ähnliche Temperaturextreme, so warnten die Nachrichtensendungen, seien als Folge der Klimakrise in der Region dreißigmal wahrscheinlicher als früher.

Masood und ich verabredeten uns bei Sonnenaufgang zum Frühstück in einem Lokal in der Altstadt. Sein ganzes Leben hatte er hier gelebt, erzählte er, während wir scharfes Hähnchenfleisch vom Knochen nagten. In den letzten Jahren sei das Leben in dem mehrheitlich muslimischen Stadtviertel jedoch immer schwieriger geworden. Repressalien durch Behörden hätten zugenommen. Das Ereignis, das mich zu ihm geführt hatte, sei nur ein Beispiel dafür.

Gemeinsam fuhren wir zum Ort des Vorfalls in einer ruhigen

Seitenstraße. Mein Plan war gewesen, Masood dort noch einmal erzählen zu lassen, was passiert war. Es ist eine Methode, die wir im Journalismus gerne anwenden: Vor Ort erinnern Menschen sich oft an neue Details. Aber dafür braucht es Zeit. Generell dauern Dreharbeiten immer länger als gedacht: Mal vertut sich der Kameramann beim Ziehen der Schärfe, mal macht ein vorbeirasendes Auto den Ton unbrauchbar.

An diesem Tag allerdings fühlte ich, dass wir uns beeilen mussten. Misstrauisch beäugten zwei Männer von den Stufen eines Hauseingangs, wie wir unsere Kamera aufbauten. Ich spürte, wie unwohl Masood sich fühlte. Mir selbst ging es nicht anders. Es war nicht nur die drückende Hitze, die immer mehr in die Gassen kroch. Die Hauswände zu beiden Seiten schienen höher als ihre drei Stockwerke. Irgendwie hatte ich das Gefühl, dass hinter den Fassaden unzählige Augen auf uns gerichtet waren.

Ich stellte meine erste Frage und Masood begann zu erzählen. Am 19. Mai 2021, inmitten der Corona-Pandemie, war er während der offiziellen Ausgangszeiten mit seinem Mofa auf dem Nachhauseweg vom Einkaufen auf einem Markt. Plötzlich stand ihm ein knappes Dutzend Polizeibeamte im Weg. Sie wiesen ihn an, seine medizinische Maske abzunehmen, sagten ihm aber nicht, warum. Stattdessen zückten sie ein Tablet und machten damit ein Foto seines Gesichts, trotz seines Protests und ohne ihm zu sagen, wofür sie es nutzen würden.

In Eile fuhr Masood zurück nach Hause. Doch in den Tagen danach konnte er nicht aufhören, über den Vorfall nachzudenken und darüber, was die Polizei mit dem Bild machen würde, erinnerte er sich am Ort des Geschehens. Ich wollte nachhaken. Doch dann merkte ich, wie er immer nervöser wurde, und wir brachen das Interview ab.

An den Rändern

Später sprachen wir im Wohnzimmer seiner bescheidenen Wohnung weiter, während ein Ventilator über uns die heiße Luft im Raum aufwirbelte. «Es ist doch klar, warum sie solche Experimente in den Slums durchführen, wo die Armen und Minderheiten leben», sagte Masood. «In den schicken Gegenden könnten sie das nicht machen: Dort sind die Menschen gebildet und hinterfragen solche Dinge. Aber die armen Menschen hier haben Angst, und deshalb wehren sie sich nicht.»

Seit langem setzte er sich als Aktivist für die Rechte seines Viertels ein. In den letzten Jahren hatte sich seine Arbeit auch auf Fragen des Datenschutzes und technologische Überwachung konzentriert. So hatte er davon gehört, wie Sicherheitsbehörden in ganz Indien zunehmend Gesichtserkennungs-Technologie einsetzten. Nun war er überzeugt: Auch die Polizei in seiner Heimatstadt machte Fotos in den Straßen, um eine Datenbank anzulegen und Menschen mithilfe der allgegenwärtigen Kameras zu identifizieren. Aber damit, davon war er überzeugt, verletzten Behörden sein Recht auf Privatsphäre.[3] Also schrieb er eine Nachricht an den Digitalrechtsaktivisten und Hacker Srinivas Kodali, der zu seinem Mitstreiter und Vertrauten geworden war.

Kodali war ein eloquenter Mann in seinen Dreißigern mit Oberlippenbart und runder Brille. Er empfing mich zum Interview in seinem Büro in goldgelber Kurta. Auf dem Schreibtisch vor ihm lag ein Stapel an Dokumenten. Durch Informationszugangs-Anfragen hatte Kodali über Jahre hinweg Details zusammengetragen, wie indische Behörden ihren Verwaltungs- und Polizeiapparat digitalisierten. Die Dokumente zeigten, so erklärte er, wie das Land detaillierte Informationen aus verschiedenen Datenbanken zusammenführe – von Religionszugehörigkeit über Kaste hin zum Bildungsstand. Ziel sei es, «360-Grad-Profile» aller Menschen in Indien zu erstellen, in denen alle Informationen mit einem Klick abrufbar wären. So würden Behörden immer besser darin, deren Aktivitäten von der Geburt bis zum Tod hin zu tracken. Seine Analyse deckte sich mit der Einschätzung anderer Forschender, die warnten, dass Indien übers letzte Jahrzehnt «ein ganzes Bündel von Maßnahmen zur digitalen Überwachung eingeführt hat, die den Übergang von der gezielten Überwachung zur Massenüberwachung hin normalisieren»[4].

Was Masood in Hyderabad passiert war, müsse man als ein Mosaikteilchen im größeren Bild dieser *Big Data*-Überwachung verstehen, sagte mir Kodali. Aber es sei wichtig, sich zu wehren, «weil wir der Polizei zeigen wollen, dass sie nicht einfach alles machen können». Masood und er nahmen Kontakt mit der Nichtregierungsorganisation *Internet Freedom Foundation* in Delhi auf. Gemeinsam forderten sie die Polizei auf, die Daten zu löschen. Doch sie stießen auf eine Mauer des Schweigens.

Schließlich entschied Masood sich, vor einem lokalen Gericht eine Petition einzureichen, um mehr Informationen zu erstreiten. «Ich versuche, meine Privatsphäre zu schützen», sagte er mir. «Da draußen gibt es viele Menschen, die sich nicht trauen, ihre Stimme zu erheben», fügte er hinzu. Auch darum ginge es ihm: Diesen Menschen eine Stimme zu geben.

Die Stadt der Anderen: Smart Cities und KI-Zukunftsprognosen

Eine knappe Stunde dauerte die Autofahrt aus der Altstadt in einen Bezirk im Westen der Metropole, den alle nur *Cyberabad* nannten. Seit den 1990er Jahren hatten sich hier Tech-Unternehmen aus der ganzen Welt angesiedelt. Angelockt wurden sie durch staatliche Initiativen sowie das Versprechen, dass «wir hier gerne mit allen möglichen neuen Technologien experimentieren», wie mir Digitalaktivist Kodali erzählt hatte. Mittlerweile reihten sich über Kilometer hinweg glitzernde IT-Campusse an Bürotürme und Wohnkomplexe.

Ramesh Loganathan begrüßte mich herzlich und mit ansteckendem Lachen im *International Institute of Information Technology*. Das Institut war Ende der 1990er Jahre mit Unterstützung der Regionalregierung gegründet worden. Seine offene Architektur aus Glas und Beton fügte sich organisch in die tropische Vegetation ringsherum ein. Auf seinen Fluren spürte man den Tatendrang und Optimismus des *Daidalos*-Lagers. Loganathan führte mich in einen klimatisierten Unterrichtsraum. Nach zwei Jahrzehnten in der Software-Industrie war er hier 2016 Professor geworden. Jetzt leitete er unter anderem das «*Smart City*-Forschungszentrum» des Instituts.

Der Begriff *Smart City* wurde in den 2000er Jahren geprägt. Dahinter verbirgt sich die Idee, möglichst viele Daten über eine Stadt zu sammeln und mit *Big Data*-Methoden zu analysieren, um das Leben dort nachhaltiger und lebenswerter zu machen. Forschende, Behörden und Firmen von Santiago de Chile bis nach Sofia in Bulgarien arbeiten an ähnlichen Initiativen. Um Trends in den riesigen Datenmengen ihrer Städte zu erkennen, setzen sie seit Mitte der 2010er Jahre auch zunehmend maschinelles Lernen ein.

Dabei gehe es auch darum, erzählte mir Institutsdirektor Loganathan mit leuchtenden Augen, «über den Horizont hinauszuschauen» und Vorhersagen zu machen. Im Rahmen solcher *predictive analytics* (vorherschauender Analytik) sammeln und analysieren Forschende historische Daten auf Muster und Zusammenhänge, um wahrscheinliche Entwicklungen oder Ereignisse in der Zukunft vorherzusagen.

So maß seine Einrichtung mit Sensoren in ganz Hyderabad die

Luftverschmutzung. Anschließend prognostizierten ihre KI-Systeme, wann und wo die Luft besonders schlecht sein würde, damit Menschen mit Atemwegsbeschwerden diese Orte meiden könnten. In einem anderen Projekt machten sie Vorhersagen, wie Moskitos von einem verseuchten See über die Stadt ausschwärmen würden, so dass Behörden diese Korridore mit Nebel blockieren könnten. Und die Forschenden in Loganathans Zentrum entwickelten basierend auf ihren Datenanalysen Vorschläge, wie der Energieverbrauch und die CO_2-Bilanz der Metropole verbessert werden könnten.

Auch die Überwachungskameras spielten eine zentrale Rolle für ihre Mission, Hyderabad zur wahrhaft «smarten» Stadt zu machen, sagte er mir. Dabei stehe die Arbeit mit ihnen erst am Anfang: Während der letzten fünf, sechs Jahre sei es zunächst darum gegangen, sie überall in der Stadt anzubringen und an ein zentrales *Command and Control Centre* (Kommando- und Kontroll-Zentrum) anzuschließen. Nun beginne eine zweite Phase.

«Jetzt sind die Kameras installiert und mit Breitband-Verbindungen an das Kommando-Zentrum angeschlossen», sagte Loganathan. Schon jetzt nutze die Polizei sie, um während bestimmter Anlässe Live-Bilder aus der Stadt im Auge zu behalten, oder um im Nachhinein die Aufnahmen von Tatorten zu überprüfen. Aber das sei bei weitem nicht alles, wozu die Überwachungs-Infrastruktur in der Lage sei, betonte er.

So habe man bei Aufnahmen von Raubüberfällen aus der Vergangenheit festgestellt, dass Motorradgangs oft ein paar Mal um denselben Block fuhren, bevor sie Menschen auf der Straße Schmuck vom Hals rissen. Nun könne man Software darin trainieren, entsprechendes Verhalten in Echtzeit zu erkennen, und Polizeistreifen an die entsprechenden Orte schicken, sobald das Programm Alarm schlägt. Aktuell liege dieses Potenzial der Technologie allerdings noch brach, so Loganathan.

«Noch wird diese schöne, machtvolle Technologie nicht genutzt, um Verbrechen auch zu verhindern», sagte er mir. «Aber das kann sie».

Im Visier: Gesichtserkennung vs. Emotionserkennung

Der Forscher spielte damit auf einen wenig bekannten Zweig der künstlichen Intelligenz an, die eingangs erwähnte «Emotionserkennung» oder «Affekterkennung».

Das Versprechen solcher Programme besteht darin, die Emotionen von Menschen zu lesen, indem ihre Körper oder ihr Verhalten mithilfe von KI auf biometrische Merkmale hin analysiert wird, von Gesichtsausdrücken und Bewegungen bis hin zur Stimmfarbe. In der Berichterstattung wird die KI-Emotionserkennung meist als eine Variante der Gesichtserkennung beschrieben, nicht zuletzt, weil die Systeme oft die gleichen hochauflösenden Kameras verwenden. Tatsächlich kann jede Gesichtserkennungs-Infrastruktur theoretisch auch für Emotionserkennung genutzt werden. Aber es gibt einen entscheidenden Unterschied. Betrachten wir beide Technologien deshalb für einen Moment genauer.

Die Gesichtserkennung machte Ende der 2010er Jahre Schlagzeilen, als immer mehr Menschen begannen, damit ihre Smartphones zu entsperren: Dafür schaut man in die Handykamera, die Software scannt das Gesicht nach einzigartigen Merkmalen und vergleicht diese mit gespeicherten Daten. Stellt es eine Übereinstimmung fest, entsperrt es das Gerät. So weit, so hilfreich und unbedenklich.

Die Technologie kann allerdings mehr. Eine Variante ermöglicht es, viele Gesichter in Fotos und Videos gleichzeitig zu scannen und das Ergebnis mit einer Datenbank abzugleichen. Findet sie dabei einen Eintrag, der einem Menschen so sehr ähnelt, dass es sich wahrscheinlich um dieselbe Person handelt, meldet sie einen Treffer. Wer Zugang zu der Technologie sowie einer Datenbank hat, kann so die Aufzeichnungen von Menschenmengen analysieren und dabei alle Individuen identifizieren, deren Informationen abgespeichert sind.

Deshalb, so vermuteten S. Q. Masood und Srinivas Kodali, hätten die Polizisten in den Straßen von Hyderabad Aufnahmen von Gesichtern gemacht: Die Behörden seien dabei, ein Verzeichnis biometrischer Daten aufzubauen. Ihr Verdacht ist nicht aus der Luft gegriffen. Auf der ganzen Welt – nicht nur in autoritären Regimen, sondern auch in westlichen Demokratien – setzt die Polizei mittlerweile Gesichtserkennung ein. Die Programme erlauben ihnen beispielsweise, vermisste Kinder oder gesuchte Tatverdächtige in Videoaufnahmen zu finden.

Hochbedenklich dabei ist jedoch, dass die Programme immer wieder Fehler machen, vor allem bei bestimmten Personengruppen: So haben Forschende wie die Computerwissenschaftlerinnen Joy Buolamwini und Timnit Gebru nachgewiesen, dass die Programme bei nicht-weißen Menschen deutlich schlechtere Ergebnisse liefern,[5] mit potenziell lebensverändernden Konsequenzen. In den letzten Jahren häufen sich Berichte von Menschen, die wegen fehlerhafter Gesichtserkennung fälschlicherweise verdächtigt oder gar für Jahre inhaftiert wurden.

Und da ist noch mehr: Denn immer mehr experimentieren Behörden auch damit, wie sie mit Live-Gesichtserkennung öffentlichen Raum *in Echtzeit* überwachen können. Dabei scannen KI-Systeme Videoaufnahmen noch im Moment der Aufnahme und melden es unmittelbar, wenn sie eine Person identifizieren.

Das hat krasse Folgen, wie *Kassandras* aus Menschenrechtsorganisationen zu Recht warnen: Denn so hilfreich eine solche Echtzeit-Überwachung bei der Suche nach Vermissten sein kann, so macht sie es gleichzeitig für *alle* Menschen nahezu unmöglich, sich anonym im öffentlichen Raum zu bewegen. Problematisch wird das zum Beispiel bei Demonstrationen: Lange boten sie Menschen die Möglichkeit, Teil einer Masse zu werden und gegen Obrigkeiten zu demonstrieren, ohne unausweichlich persönliche Repressalien fürchten zu müssen. Im Zeitalter der Gesichtserkennung ist das quasi unmöglich.

Rechtfertigt der Nutzen für die Strafverfolgung eine solche Einschränkung der Grundrechte? Strafbehörden sagen ja. Für viele aus der Menschenrechtswelt ist die Antwort ein klares «Nein». Von der EU, die sich als Vorreiter im Grundrechtsschutz versteht, fordern sie deshalb seit Jahren ein Verbot einer solchen Nutzung. Mit Erfolg? Wir kommen in einem späteren Kapitel darauf zurück.

Soweit zur Gesichtserkennung. Deutlich weniger bekannt ist die Emotionserkennung. Auch diese Systeme scannen meist die Gesichter von Menschen nach bestimmten Merkmalen. Was sich auf technischer Ebene anschließt, ist jedoch grundlegend anders: Im nächsten Schritt gleichen die Systeme die Informationen nicht mit den biometrischen Daten von Menschen ab, sondern mit allgemeinen Informationen, welche Emotionen typischerweise mit bestimmten Gesichtsausdrücken assoziiert sind. Registrieren die Systeme zum Beispiel hochgezogene Mundwinkel mit geöffneten Lippen bei entspannter Stirn, könnten sie das als Zeichen für Freude werten.

Dasselbe Prinzip wenden die Programme auch auf Körperbewegungen und Stimmaufnahmen an. So analysieren sie Menschenmengen auf Bewegungsmuster oder typische Geräusche, die darauf hinweisen, dass dort beispielsweise bald Panik ausbrechen könnte. Dabei wird eine Grenze überschritten: Es geht nicht länger darum, Personen zu identifizieren. Stattdessen analysieren die

Programme deren Äußeres, um Rückschlüsse auf ihre Emotionen und indirekt ihre Gefühle zu ziehen.

Stadtplaner:innen können das nutzen, um zu verstehen, wo sich Menschen wohl oder unwohl fühlen, und öffentlichen Raum entsprechend umzugestalten. Bei Großveranstaltungen können Einsatzkräfte so auch in Echtzeit Hinweise auf drohende Eskalationen erhalten und frühzeitig reagieren. Erste Behörden beginnen deshalb gar damit, Videoaufnahmen ihrer Städte durchgehend mit solchen Programmen zu scannen. Und hier, so warnen zivilgesellschaftliche Gruppen, wird es problematisch.

Ein Beispiel aus dem nordindischen Bundesstaat Uttar Pradesh veranschaulicht das. In ihrer *Smart-City*-Ausschreibung gab die dortige Polizei an, dass ihr KI-System in Videoaufnahmen selbstständig Frauen erkennen sollte, die «*distressed*» (in Not) wirken. Ihr Ziel, frauenfeindliche Gewalt zu bekämpfen, ist so wichtig wie unterstützenswert. Gleichzeitig warnen NGOs aber davor, dass Frauen damit unter Dauerüberwachung gestellt würden und auch dann ins Visier der Behörden geraten könnten, wenn sie nur schlecht geschlafen haben, eine persönliche Krise durchmachen oder schlichtweg dringend auf die Toilette müssen.

Wie eng beieinander utopisches und dystopisches Potenzial liegen, verdeutlicht auch ein Blick nach China: Im dortigen High-Tech-Überwachungsapparat wird die Emotionserkennung laut NGOs bereits in Schulen eingesetzt, um die Gesichter von Kindern auf vermeintliche Indikatoren dafür zu scannen, wer aufpasst und wer nicht.[6]

Müll rein, Müll raus: Vorurteile und Diskriminierung durch KI

Gleichzeitig ergeben sich dabei zwei wesentliche Probleme. Zum einen ist sich die psychologische Fachwelt inzwischen einig, dass die Analyse von Gesichtsausdrücken allein keine eindeutigen Rückschlüsse auf die Emotionen von Menschen zulässt. Solche Aussagen basierten auf veralteten Annahmen und würden der Komplexität unserer Gefühlsäußerungen nicht gerecht, argumentiert etwa die Psychologin Lisa Feldman Barrett. Im Jahr 2019 verglichen Forschende unter ihrer Leitung über tausend Studien zum Thema.[7] Sie kamen zu einem eindeutigen Ergebnis: «Gesichtsausdrücke verraten keine Emotionen», fasste es Feldman Barrett 2022 zusammen. Dementsprechend «erkennen KI-basierte Emotionserkennungs-Systeme keine Emotionen. Sie erkennen physische Signale wie Gesichtsmuskelbewegungen, aber nicht die psychologische Bedeutung dieser Signale.»[8] Ein Computer kann zwar erkennen, dass wir lächeln, aber nicht, ob wir uns freuen. Denn unsere Emotionen sind komplex: Wir können scheinbar glücklich lächeln, während wir in Wirklichkeit hasserfüllt einen Vergeltungsschlag planen. Und wir können wirken, als ob wir panisch vor Kriminellen fliehen, obwohl wir gerade «nur» eine schmerzhafte Trennung durchmachen.

Zum anderen weisen erste Untersuchungen darauf hin, dass auch Emotionserkennungs-Systeme oft Minderheiten diskriminieren. Ähnlich wie die Gesichtserkennung machen sie tendenziell mehr Fehler bei der Analyse von Menschen, deren Aussehen von der breiten Mehrheit abweicht. Das hat mit einem Phänomen zu tun, das die Informatik «*garbage in, garbage out*» nennt: Wer ein Computersystem mit Müll füttert, darf sich nicht wundern, wenn es anschließend Müll ausspuckt. Erinnern wir uns daran, wie ein

Großteil des maschinellen Lernens funktioniert: KI-Systeme werden mit riesigen Datenmengen gefüttert. In diesen finden sie selbst Muster und bringen sich so zum Beispiel bei, welche Körpersprache Menschen zeigen, bevor sie gewalttätig werden. Sind die Daten jedoch fehlerhaft oder unvollständig, reproduziert KI diese *biases* (Vorurteile) oft. Stammen sie hauptsächlich von weißen Menschen, verallgemeinern KI-Systeme nicht selten deren Merkmale und machen deshalb mehr Fehler bei nicht-weißen Personen.

Das gilt es grundsätzlich zu beachten, wann immer wir es mit maschinellem Lernen und anderen Daten-intensiven KI-Technologien zu tun haben: Unkontrolliert macht KI Fehler. Sie reproduziert Vorurteile aus der analogen Welt. Sie kann diskriminieren. Deshalb ist es wichtig, die Systeme immer wieder auf solche *biases* zu testen und die Algorithmen mit entsprechenden Gegenmaßnahmen zu versehen. Das kontroverse Teilgebiet der Emotionserkennung ist keine Ausnahme. So erkannte beispielsweise die Forscherin Lauren Rhue, als sie zwei frühe Systeme untersuchte, dass die Gesichtsausdrücke Schwarzer Menschen überdurchschnittlich oft als negative Emotionen interpretiert wurden.[9]

Gleichzeitig zeigen die Systeme, mit den Worten der Informatikerin Katharina Zweig, «kein Taktgefühl»[10]: Wenn sie einen Zusammenhang feststellen, merken sie sich diesen und verallgemeinern ihn, ohne Rücksicht auf Verluste. Stellt ein System beispielsweise fest, dass es oft Gruppen junger Männer mit einem bestimmten Aussehen sind, die Verbrechen begehen, könnte es diese unter Generalverdacht stellen und jedes Treffen als potenzielle Gefahrenquelle kennzeichnen. Die Folge wäre eine Form des Hightech-Profiling.

Fachleute fordern deshalb seit Jahren strenge Regeln für die Technologie, lange mit mäßigem Erfolg. In der EU ist jedoch mittlerweile Bewegung in die Sache gekommen; auch darauf kommen wir später zurück.

Smart Panopticon: Überwachung und Selbstdisziplinierung

Wie ein Koloss tauchte die Silhouette des *Command and Control Centre* am Horizont auf. Auf der Suche nach einem unverbauten Blick hatten S. Q. Masood, Srinivas Kodali und ich einen Park im Zentrum von Hyderabad durchquert. Nun standen wir schweißgebadet am Rand eines Hügels und blickten auf den gerade fertiggestellten Mega-Komplex vor uns.

Seine Architektur war wie nichts, was ich zuvor gesehen hatte. Ein bisschen wirkte es, als ob gewaltige Tetris-Blöcke auf das Spielfeld der Millionenstadt gefallen waren: Mehrere verspiegelte quadratische Türme ragten über zwanzig Stockwerke in den Himmel. In ihren marineblauen und türkisen Fenstern spiegelten sich die Dächer der noblen Wohngegend Banjara Hills. Auf einer Höhe von rund sechzig Metern waren die Türme durch eine massive Himmelsbrücke verbunden.

Noch stand der Neubau leer. Aber bald, so sagte mir Aktivist Kodali, würde die Polizei in seinem Inneren «alle Daten speichern, die sie auf der Straße sammelt». Darunter wären wohl auch irgendwann seine Daten, antwortete ich und fragte, wie sich das anfühlte. Zum ersten Mal an diesem Tag stockte der selbstbewusste Digitalrechtler. «Es wirkt alles dystopisch», sagte er schließlich. «Es ist, als ob man in einem Science-Fiction-Film lebt, in dem der Staat zu viel Macht hat und durchgehend hinter dir her ist.»

Vier Monate später weihten Behörden den Komplex feierlich ein. In seinem Inneren befindet sich laut lokalen Medienberichten neben Büros verschiedener Polizeidienststellen auch ein riesiges Rechenzentrum.

Was mit all den Daten im Inneren des *Command and Control Centre* passiert? Wir wissen es nicht. Auf unsere Interview-Anfragen reagierten die Behörden nicht. Auch, was mit Masoods Foto gemacht wurde, bleibt im Dunkeln. In einer Gegenerklärung, datiert auf den August 2022, schmetterte Hyderabads Polizeipräsident seine Petition ab. Masood legte Widerspruch ein. Wann eine entsprechende Gerichtsanhörung stattfinden wird, bleibt unklar, schrieb er mir im März 2024, fast drei Jahre, nachdem er auf der Straße gestoppt wurde.

Es bleibt undurchsichtig, was die Polizei mit den Daten macht, die sie in ganz Hyderabad sammelt. Aber vielleicht ist das für die Macht, die der High-Tech-Überwachungskoloss inmitten der Metropole ausstrahlt, auch gar nicht entscheidend.

Ende des 18. Jahrhunderts entwarf der englische Philosoph Jeremy Bentham den Grundriss eines neuartigen Gefängnisses. In der Mitte seines *Panopticons* befindet sich ein Wachturm. Um ihn herum sind Zellen kreisförmig angeordnet. Diese Architektur soll Gefangenen das Gefühl geben, ständig beobachtet werden zu können. Gleichzeitig sollen sie niemals wissen, ob dies tatsächlich passiert. Die Idee: Allein durch das Bewusstsein, dass Augen auf sie gerichtet sein *könnten*, würden sie sich regel- und normkonform verhalten.

In den 1970er Jahren erklärte der französische Philosoph Michel Foucault in seinem Buch *Überwachen und Strafen* dieses *Panopticon* zum zentralen Prinzip moderner Überwachungsgesellschaften. In einer Welt, in der ein Mensch weiß, dass er jederzeit beobachtet werden könnte, diszipliniert er sich selbst und wird so «zum Prinzip seiner eigenen Unterwerfung»[11], so Foucaults These. Bis heute wird das *Panopticon* immer wieder herangezogen, um zu beschreiben, was eine allgegenwärtige Überwachung mit Gesellschaften macht.

Dabei ist faszinierend, wie unterschiedlich das Konzept rund um die Welt aufgenommen wird: Während Intellektuelle und

Kunstschaffende im Westen es oft als theoretischen Unterbau eines dystopischen Überwachungsstaates interpretieren,[12] beschreiben chinesischstämmige Anthropologen es als wirksames Prinzip für die Verwaltung großer Gesellschaften.[13]

Der Aufstieg von KI-Emotionserkennung hebt das *Panopticon* auf eine neue Ebene: Er schafft eine Welt, in der Menschen mit der Gewissheit leben, dass eine unsichtbare allgegenwärtige Machtinstanz nicht nur ihr Verhalten ständig beobachten könnte, sondern dabei möglicherweise auch Rückschlüsse auf ihr psychologisches Innenleben zieht. Deshalb sollten wir die Technologie nach unseren Smartphones als nächste, zunehmend invasive Evolutionsstufe in der Entwicklung hin zur *Mind-Reading AI* verstehen.

Zwar wissen wir spätestens seit Edward Snowdens Enthüllungen, dass auch unsere Handys zur Überwachung eingesetzt werden. Aber – noch – sind die Geräte nicht Teil unseres Körpers. Wir können selbst entscheiden, ob wir sie mit uns tragen, und welche Daten wir mit ihnen teilen. Anders verhält es sich mit den Kameras und Sensoren der Emotionserkennung. Ihrer Überwachung kann man sich nicht entziehen. In einer *Smart City* gibt es keine Opt-out-Möglichkeit.

Daran musste ich denken, als ich in Hyderabad stand, vor mir der einschüchternde Bau des neuen *Command and Control Centre.* Seine Architektur hatte mit Benthams *Panopticon* nicht mehr viel zu tun. Der vielleicht offensichtlichste Unterschied war, dass der zentrale Turm fehlte, in dem bei Bentham die Aufseher saßen. Zur Überwachung braucht es heute keine menschlichen Blicke mehr. An die Stelle des Wachturms sind KI-Algorithmen getreten. Ob die Kameras in Hyderabad dabei auch Emotionen analysieren, wie anderswo in Indien, ist in diesem Sinne zweitrangig: Denn sobald Kameras auf Menschen gerichtet sind, könnten sie es theoretisch. Das zählt.

Des einen *Smart City* ist des anderen *Panopticon,* geht es mir durch den Kopf, als ich ein gutes halbes Jahr später über 15 000 Kilometer entfernt in meinem Bett in Cabo Raso liege, um mich herum die Wildnis Patagoniens, und versuche, einzuschlafen. Dieselbe technische Infrastruktur, die uns helfen kann, unsere Städte sicherer, effizienter und grüner zu machen und auf die wir in Zeiten der Klimakrise zunehmend angewiesen sein werden, kann auch genutzt werden, um uns in nie gekanntem Ausmaß zu überwachen.

Seit dem Vorfall mit der Polizei hatte S. Q. Masood sein Verhalten verändert, erzählte er mir. Er ginge weniger zu Demonstrationen oder zu öffentlichen Veranstaltungen in der Moschee seiner Gegend. Ich muss daran denken, wie er während unseres Interviews von Unruhe erfasst wurde und nur noch wegwollte. Wie dieses Gefühl auf mich übergriff. Und wie es mich noch begleitete, als ich über eine Woche später wieder in Deutschland aus dem Flugzeug stieg. Ich habe Masood danach nie gefragt, was eigentlich war und warum er plötzlich so schnell von der Straßenecke verschwinden wollte.

Und dann kommt mir im Nirgendwo Patagoniens ein Gedanke: Vielleicht war da auch gar nichts?

3
Persönlichkeitsanalysen
Wie KI unser Wesen durchleuchtet

• *Berlin, Deutschland*

Das Urteil der KI ließ keine Stunde auf sich warten. Grundsätzlich, so urteilte die Software, schaute ich optimistisch in die Zukunft. Ich begegnete neuen Aufgaben mit gesundem Selbstbewusstsein und fände nach Rückschlägen schnell wieder zu alter Stärke zurück. Aber manchmal falle es mir auch schwer, «Nein» zu sagen. Und ich hätte immer wieder Probleme damit, mich in konservative Strukturen einzufügen.

Kurz zuvor hatte ich mich mit meinem Laptop über einen personalisierten Link auf der Plattform der Firma Zortify eingeloggt. Ich hatte mir einen ruhigen Ort gesucht und ein paar Fragen zu meiner Person beantwortet: wie alt ich bin oder wie viel Führungsverantwortung ich habe. Es folgten ein paar «Wo würden Sie sich auf einer Skala von 1 bis 6 einordnen?»-Aufgaben. Schließlich beantwortete ich schriftlich sechs Fragen, wie man sie oft in Vorstellungsgesprächen hört. Ein Zeitlimit gab es nicht, nur eine Mindestanzahl von Wörtern. So unvoreingenommen wie möglich tippte ich los. Nach knapp 45 Minuten klickte ich auf «Absenden».

Weitere 60 Minuten später landeten zwei bunte PDFs mit den Ergebnissen einer KI-Persönlichkeitsanalyse in meinem Posteingang: «In Bezug auf das unternehmerische Kapital» bescheinigte die Software mir «auffällig hohe Werte». Gleichzeitig sei ich, was «kontraproduktive Verhaltensweisen» betrifft – wie impulsiv, taktisch-manipulativ und selbstbezogen ich bin –, «stark unter der Zortify-Referenzgruppe». Das Dokument lieferte eine detaillierte Auflistung einiger meiner intimsten Persönlichkeitsmerkmale. Diese, so schrieb die Firma auf ihrer Website, erkenne ihr Programm «zuverlässig» dank einer «objektiven externen Bewertung»[1].

Was für manche wie Science Fiction klingen mag, ist längst Realität: Längst führen Unternehmen rund um die Welt täglich solche Persönlichkeitsanalysen durch. So wollen sie geeignete Menschen für offene Stellen finden oder Mitarbeitende innerhalb ihrer Unternehmen identifizieren, die sie fördern sollten.

«Es gibt eine Renaissance des psychologischen Assessments», sagte mir der CEO von Zortify, als ich ihn kurz zuvor am Rande einer Tech-Konferenz in Berlin kennenlernte. Florian Feltes war ein aufgeschlossener Enddreißiger im Kapuzenpulli; die lockigen Haare hatte er zum Knoten zusammengebunden. Im Jahr 2018 hatte er sein Start-up in Luxemburg mitgegründet. Mittlerweile arbeiteten rund dreißig Menschen für Zortify.

Rund um die Welt bieten Firmen, von kleinen Start-ups bis zu großen Konzernen, KI-basierte Persönlichkeitstests an. In ihren Ansätzen unterscheiden sich die Programme. Was sie eint, ist das Versprechen, dass ihre Software Rückschlüsse auf die Persönlichkeiten und Eigenschaften von Menschen zulässt.

Man kann diese Programme als Schwestertechnologie der *Mind-Reading AI* verstehen: Es geht ihnen nicht um unsere Gedanken, zumindest nicht direkt. Stattdessen interessieren sie sich für unsere Persönlichkeitsmerkmale: die Eigenschaften, die unser Verhalten prägen und sich im Laufe des Lebens in Wechselwirkung mit unserer Umwelt oft weiterentwickeln. Dafür analysieren die Programme ganz unterschiedliche Faktoren – von Aussagen, die wir über uns treffen, bis hin zu unserem Verhalten – und ziehen so Rückschlüsse auf unsere Persönlichkeit.

Nirgendwo sind die Programme schon so weit verbreitet wie in der Arbeitswelt, insbesondere im Personalwesen. Die Erfahrung dort liefert hilfreiche Hinweise darauf, was es bedeutet, wenn mit Technologie mehr denn je Aussagen über unser psychisches Innenleben getroffen werden. Und sie gibt einen ersten Eindruck davon, was es mit uns macht, wenn andere mithilfe von KI immer besser verstehen wollen, wer wir *wirklich* sind.

Jessica und der Algorithmus: Video-basierte Persönlichkeitsanalysen

Das erste Mal war ich KI-Persönlichkeitsanalysen Ende der 2010er Jahre begegnet. Ein halbes Jahrzehnt war vergangen seit den ersten *Deep Learning*-Durchbrüchen. Diese hatten zu beeindruckenden neuen KI-Anwendungen geführt. So hatte ich zum Beispiel darüber berichtet, wie Software immer besser Anzeichen für Krebs in Röntgenbildern erkennen konnte. Und ich merkte, wie das Interesse an KI jenseits der Fachwelt wuchs. Die Abonnement-Zahlen meines «AI:Decoded»-Newsletters schossen in die Höhe; meine Artikel landeten nicht mehr im hinteren Mantelteil, sondern auf der Titelseite unserer Zeitung.

Gleichzeitig hatten diese Jahre etwas von Wilder Westen: Quasi alles schien möglich. Vieles wurde ausprobiert, und das oft, ohne die möglichen Folgen durchzudenken oder zu diskutieren. Diese Zeit sensibilisierte mich für die Gefahren von künstlicher Intelligenz. Und so wurde ich hellhörig, als ich im Jahr 2019 hörte, dass neue Programme mittels KI die Fotos und Videos von Menschen analysierten – allerdings nicht, um sie zu identifizieren, sondern um Rückschlüsse auf ihre Persönlichkeiten und einige ihrer intimsten Eigenschaften zu ziehen.

Schon 2017 hatten Forscher an der Stanford-Universität mit

einem fragwürdigen KI-System in der Fachwelt für Aufruhr gesorgt: Anhand von fünf Fotos eines Mannes sollte ihr Programm mit über 90-prozentiger Sicherheit erkennen können, dass er schwul sei.[2] Hierzulande hatte ein Team vom Max-Planck-Institut für Informatik im Saarland 2018 eine Studie veröffentlicht, wie aus Augenbewegungen Rückschlüsse auf die Persönlichkeit von Menschen gezogen werden könnten.[3]

Bisher hatte ich solche Vorhaben für akademische Experimente gehalten; für wissenschaftliche Gedankenspiele, wie weit man mit KI-Technologie gehen könnte. Dann gab mir im Jahr 2019 ein befreundeter Personaler einen Tipp: Vermehrt, so sagte er mir, ließen Unternehmen mittlerweile von KI-Software Video-Bewerbungsgespräche durchführen. Anschließend analysierten die Programme die Aufnahmen und sortierten dabei erste Bewerbungen aus. Solche Software helfe den Unternehmen, Zeit zu sparen und erfreue sich immer größerer Beliebtheit. Gleichzeitig verstehe niemand in den Personalabteilungen wirklich, wie sie zu ihren Empfehlungen kam.

Meine ersten Versuche, tiefer zu graben, führten ins Leere. Wen ich auch kontaktierte, ob nun Gewerkschaften oder Universitäten, alle sagten, sie hätten noch nie von den Programmen gehört. Dann bestätigte mir der Leiter der *Career Services*-Abteilung an der Berliner Wirtschaftshochschule European School of Management and Technology als erster: Ja, solche Programme seien im Einsatz. Von Studierenden, die sich oft für Führungspositionen in großen Firmen und Organisationen bewerben, hatte er gehört, dass die ersten Runden von Job-Interviews nicht mehr von Menschen, sondern von KI-Systemen durchgeführt wurden.

Seine Beobachtung bestätigte sich, als ich mich im Sommer 2020 auf eine Fachmesse einschleuste, die aufgrund der Corona-Pandemie virtuell durchgeführt wurde: Dort hörte ich HR-Führungskräfte börsennotierter Unternehmen davon schwärmen, was für *game changer* die Programme seien. Immer wieder fiel dabei der Name der amerikanischen Firma HireVue. Ihre Software könnte komplette erste zeitraubende Interview-Runden ersetzen und Unternehmen so bares Geld sparen. Der Einsatz von KI-Persönlichkeitsanalysen in der Arbeitswelt war also real.

Aber wie sah es am anderen Ende dieser Entwicklung aus? Wie war es für diejenigen, die ihre berufliche Zukunft in die Hand eines Algorithmus legen mussten? Es würde schwer werden, Menschen zu finden, die offen darüber sprechen, das war mir klar: Kaum etwas hat eine so existenzielle Bedeutung für das eigene Leben wie der Arbeitsplatz. Wer zufrieden damit ist, setzt ihn nicht aufs Spiel. Schließlich stieß ich auf der Internetplattform Reddit, wo sich Menschen im Schutze der Anonymität austauschen, auf Diskussionen, in denen junge Menschen über ihre Erfahrungen mit der Software von HireVue berichteten. «Es war die Hölle», schrieb eine Nutzerin auf Englisch. «Du fühlst dich wie ein dressierter Affe, der Tricks machen soll», eine andere. «Ekelhaft», fasste ein dritter seine Erfahrung zusammen.

Über Wochen schrieb ich viele von ihnen an und fragte, ob sie über ihre Erfahrungen sprechen wollten, erfolglos – bis sich eine junge amerikanische Studentin zurückmeldete. Sie wollte ihre Erfahrungen teilen, sagte sie, weil bekannt werden sollte, was bei Vorstellungsgesprächen abliefe. Aber nur unter der Voraussetzung, dass ich ihren Namen nicht veröffentlichte; zu groß war die Angst, dass sie von nun an bei jeder Internetsuche mit ihrer Kritik auftauchen würde.

Unser Gespräch ist mir wie kaum ein anderes im Gedächtnis geblieben. Jessica, so das Pseudonym, auf das wir uns einigten, nahm meinen Video-Call aus ihrem Studentenwohnheim an der amerikanischen Westküste entgegen. Sie war eine technikbegeisterte junge Frau Anfang zwanzig und stand kurz vor ihrem Bachelor-Abschluss in Informatik. Nun war sie auf der Suche nach ihrem ersten Einstiegsjob in einer Pandemie-gebeutelten Wirtschaft. Ihre Vorstellungen waren nicht unrealistisch: beispielsweise ein Praktikum in der Softwareentwicklungs-Abteilung eines großen Unternehmens.

Dutzende Bewerbungen hatte sie dafür in den vergangenen Monaten rausgeschickt, sagte sie. Bei vielen von ihnen hätten HireVue-Interviews wie selbstverständlich dazugehört. Diese liefen eigentlich immer nach einem ähnlichen Prinzip ab: Zunächst wurde ihr eine Frage auf dem Bildschirm angezeigt. Im Anschluss hatte sie kurz Zeit. Dann musste sie ihre Antwort in ihre Webcam einsprechen. Schließlich analysierte die Software diese Aufnahmen, so vermutete Jessica zumindest.

Sie schüttelte den Kopf. In ihrem Informatik-Studium hatte sie die technischen Grundlagen der künstlichen Intelligenz gelernt, sagte sie. «Aber dass man Menschen auf bestimmte Bewegungen reduziert und ein Algorithmus all das verarbeitet», das sei «bizarr» und wirke «seltsam dystopisch».

Die Programme «entmenschlichten» Bewerbungen, sagte sie. Mehr als einmal sei sie aus einem Verfahren geflogen, ohne irgendeine Erklärung zu erhalten oder jemals mit einem anderen Menschen interagiert zu haben. Trotzdem mache sie weiter. Was blieb ihr auch übrig? «Man will da wirklich nicht mitmachen, aber ist eben auf jede Möglichkeit angewiesen, die sich bietet», sagte sie mir.

Ein paar Wochen nach unserem Gespräch ging ich ins Bundesministerium für Arbeit und Soziales in Berlin, um dort Björn Böhning zu meiner Recherche zu interviewen. Böhning war zu dem Zeitpunkt als Staatssekretär zuständig für die Digitalisierung der Arbeitswelt. Als ich ihm beschrieb, was ich von Menschen wie Jessica gehört hatte, zeigte er sich besorgt: «Es gibt auf jeden Fall ein Risiko, dass die Durchleuchtung der Arbeitnehmer auf eine neue Ebene getrieben wird.»

Grundsätzlich sei der Einsatz solcher Technologie erlaubt, sagte er. Jeder Firma stehe es frei, wie sie neue Mitarbeitende auswählt. Gleichzeitig müsse man bedenken, «dass das auch Grenzen hat». Und, so sagte der Spitzenbeamte mir Ende 2020, man müsse sich auch offen eingestehen, «dass wir da an strenge rechtliche Grenzen kommen, die derzeit aber nicht reguliert sind».

Es war eine bürokratische Formulierung, die im Klartext bedeutete: Die Entwicklung der Technologie hatte den Gesetzgeber überholt. In unseren Gesetzen, die lange vor dem Aufstieg von KI-Persönlichkeitsanalysen geschrieben wurden, stand nichts dazu, wie sie eingesetzt werden könnten.

Anfang 2021 veröffentlichte ich meine Ergebnisse in einem Radiofeature. Rund um die Welt gingen parallel andere Journalist:innen mit ähnlichen Recherchen an die Öffentlichkeit. Gleichzeitig war in den USA, der Heimat von HireVue, für einen Moment eine Debatte über die Systeme in Gang gekommen, angetrieben durch öffentliche Warnungen von Forschungseinrichtungen wie AI Now und eine Beschwerde bei der US-Handelskommission. So entstand für kurze Zeit öffentlicher Druck, der Wirkung zu zeigen schien: Im Jahr 2021 kündigte HireVue an, die Analyse von Videobildern nicht mehr in die Ergebnisse seiner Software einzubeziehen. Es war einer der seltenen Erfolge warnender *Kassandra*-Rufe.

Seither ist es in der Öffentlichkeit ruhiger um die Branche geworden. Wie gebrannte Kinder scheinen die Unternehmen mittlerweile zurückhaltender, ihre KI-Persönlichkeitsanalysen öffentlich zu bewerben. Ihr Siegeszug geht derweil ungebremst weiter: Bis 2028, so schätzt die US-Investmentgesellschaft Insight Partners, soll der globale Markt für KI-basierte Persönlichkeitsanalysen von über 7,4 Milliarden Dollar im Jahr 2021 auf fast 16,5 Milliarden Dollar anschwellen. Und immer öfter, so zeigen Recherchen der Journalistin Hilke Schellmann, nutzen Unternehmen sie nicht nur, um zu entscheiden, wen sie einstellen, sondern auch, um die Leistung ihrer Beschäftigten zu überwachen und herauszufinden, «wer ein Leistungsträger ist, wer ein Tyrann, wer befördert und wer entlassen werden sollte»[4].

Zwischen den Zeilen: Sprachbasierte Persönlichkeitsanalysen

Mit den umstrittenen Video-Auswertungen aus den Anfangstagen der KI-Persönlichkeitsanalysen habe die Software von Zortify nichts zu tun. Das war CEO Florian Feltes wichtig zu betonen, als wir uns im Herbst 2023 kennenlernten. Seine Firma analysiere keine Videobilder oder Sprachaufnahmen, sondern schriftliche Antworten. Gleichzeitig baue ihr Programm auf Jahrzehnten psychologischer Forschung auf.

Die Idee, mit standardisierten Tests Rückschlüsse auf die Persönlichkeiten von Menschen zu ziehen, ist nicht neu. Sie reicht zurück bis ins frühe 20. Jahrhundert, als die US-Armee damit die psychische Widerstandsfähigkeit von Rekruten testete, bevor sie diese in den Ersten Weltkrieg schickte. In den Jahrzehnten danach schwappte das Konzept in die Arbeitswelt über. Geleitet wurden Forschungsvorhaben und Entwicklungen nicht länger von einem militärischen, sondern von einem unternehmerischen Interesse: Gewissenhafte Beschäftigte, so der Leitgedanke, würden bessere Arbeit leisten; emotional stabile Führungskräfte träfen bessere Entscheidungen; empathisches Personal sorge für zufriedenere Kunden. All das steigere den Profit eines Unternehmens. So setzte sich die Überzeugung durch, dass Firmen, die mit den Persönlichkeitsmerkmalen ihrer Belegschaft vertraut waren und sie vielleicht sogar danach ausgewählt hatten, einen Wettbewerbsvorteil hätten.

Aber wie misst man die Persönlichkeit eines Menschen? Wie schaut man Menschen, bildlich gesprochen, in den Kopf und erkennt, wie sie *wirklich* sind? Im Laufe des 20. Jahrhunderts entwickelte die Psychologie dafür verschiedene Methoden. Meist ließen Forschende ihre Versuchspersonen Fragebögen ausfüllen, in denen diese Multiple-Choice-Fragen beantworteten oder angaben, wie sehr bestimmte Aussagen auf sie zutrafen. Anschließend werteten die Forschenden die Antworten mit einem Punktesystem aus. Anhand der Gesamtpunktzahl kamen sie zu einem Ergebnis, welche Eigenschaften vergleichsweise schwach, durchschnittlich oder überdurchschnittlich ausgeprägt waren.

Parallel bildeten sich Theorien heraus, auf welche Merkmale sich eine Persönlichkeit untersuchen ließ. Im Arbeitskontext setzte sich seit den frühen 1990er Jahren dafür zunächst das *Big Five*-Modell durch, um fünf Hauptdimensionen zu unterscheiden: Aufgeschlossenheit für neue Erfahrungen, Gewissenhaftigkeit, Geselligkeit, Verträglichkeit sowie emotionale Stabilität. Hinzu kam in den 2000er Jahren die «Dunkle Triade». Dabei handelt es sich um drei negative Eigenschaften, von denen Führungskräfte nicht zu viel haben sollten: Narzissmus, also eine stark übertriebene Selbsteinschätzung; Machiavellismus, das heißt manipulatives Machtstreben; und subklinische Psychopathie, eine Form von Empathielosigkeit.

Alle Menschen, so die Idee, besitzen diese Merkmale, allerdings in unterschiedlicher Ausprägung. Bei der Personalauswahl gelte es daher, diejenigen mit starken positiven Eigenschaften rauszufischen und die mit negativen Eigenschaften auszusortieren. Das ist der Grund, warum Unternehmen in analogen Assessment-Centern Bewerbende jahrzehntelang Papier-Fragebögen ausfüllen ließen. Und hier setzt Zortify mit seiner Software an: Die Technologie des Start-ups baut auf diesen etablierten Verfahren auf und reichert sie gewissermaßen mit KI an.

Dieses Phänomen lässt sich in der Entwicklung von KI oft beobachten: Selten beginnen Firmen oder Forschende bei Null. Stattdessen nehmen sie Technik oder Theorien, die von vorherigen Generationen entwickelt und getestet wurden, und setzen darauf neueste KI, um die Methoden noch treffsicherer und effektiver zu machen.

Am Anfang steht dabei meist das Sammeln vieler Daten. So auch bei dem Luxemburger Start-up: Zunächst befragte Zortify Unternehmen, welche Eigenschaften ihnen bei Beschäftigten besonders wichtig sind. Danach führten die Firma und ein Meinungsforschungsinstitut Tests mit tausenden Menschen durch. Währenddessen analysierten sie anhand des etablierten Fragebogen-Prinzips die Persönlichkeiten der Versuchspersonen. Gleichzeitig baten sie die Teilnehmenden, verschiedene Fragen schriftlich zu beantworten. So wuchs laut CEO Feltes ein Datensatz «im hohen fünfstelligen Bereich» heran. Anschließend trainierte die Firma damit ein neuronales Netz: Sie ließen das KI-System all die Texte analysieren und mit den Selbsteinschätzungen vergleichen. Dabei erkannte das System Muster, die es mit bestimmten Persönlichkeitsmerkmalen in Verbindung brachte – kleine Nuancen, laut Zortify insgesamt über tausend, die für uns selbst nicht wahrnehmbar sind. So entstand das Modell der Firma.

Als ich nun meine sechs Textantworten einreichte, analysierte sie das System auf die «*Big Five*», die «Dunkle Triade» sowie vier weitere Eigenschaften. Auch meine Selbsteinschätzung ließ sie in das Ergebnis einfließen. Anschließend verglich sie dieses mit Durchschnittswerten von anderen Menschen in ähnlichen Positionen. So kam das Endresultat zustande, das kurz darauf in meinem E-Mail-Posteingang landete.

Als ich das Dokument öffnete, war ich aufgeregt. Natürlich interessierte mich, was die Software über mich herausgefunden hatte. Und es schmeichelte zu lesen, dass beispielsweise die «Dunkle

Triade» bei mir niedriger ausgeprägt zu sein schien, als bei den meisten anderen. Aber was, wenn da etwas anderes gestanden hätte? Was hätte ich dann gedacht? Je mehr ich in das Dokument vordrang, desto nachdenklicher und unsicherer wurde ich. Vereinzelt las ich dort auch Aussagen über meine Persönlichkeit, die so gar nicht zu mir zu passen schienen. Hatte die Software da falsch gelegen? Oder hatte sie vielleicht Eigenschaften an mir aufgedeckt, die ich mir selbst nicht eingestehen mochte, und deshalb unterdrückte?

Wie gut kannte ich mich und meine Persönlichkeit wirklich? Könnte mir eine Maschine vielleicht doch besser oder *objektiver* sagen, was tatsächlich in mir vorging? Dieses Gefühl wurde stärker und stärker. Ich begab mich auf die Suche nach entsprechender Forschung. Und bald erkannte ich, dass es mehr als nur ein Gefühl war: Es war die Vorahnung eines Phänomens, das unsichtbar mitzuschwingen scheint, wann immer wir Technologie nutzen, die Rückschlüsse auf unsere Persönlichkeiten zulässt. Ein Risiko, das nur wenig mit der konkreten Anwendung zu tun hat, die wir gerade verwenden, und das wir gerade erst zu verstehen beginnen. Und das vor allem mit einem Faktor zu tun hat: mit uns selbst.

In der Smaragdstadt: Gedankenleser-Technologie und wir

Im Jahr 2022 führten Forschende in Kanada ein Experiment mit brandneuer Technologie durch. Das KI-System, so sagten sie ihren 59 Teilnehmenden zu Beginn, messe ihre Gehirnaktivität und könne so ihre «wahrhaftigen Einstellungen» erkennen: woran sie glaubten, welche politischen Überzeugungen in ihnen schlummerten, welche moralischen Codes ihr Verhalten leiteten. Diese «wahrhaftigen Einstellungen» seien oft anders als das, was sie von sich selbst zu denken glaubten oder anderen über sich sagten. Gleichzeitig beeinflussten diese Überzeugungen ihr Verhalten maßgeblich.

Die Versuchspersonen, die meisten von ihnen Studierende Anfang zwanzig, bekamen violette Mützen mit Elektroden auf den Kopf, um ihre Hirnaktivität zu messen. Aufwendig wurde die Apparatur kalibriert. Schon dabei erkannte das Computersystem scheinbar immer wieder mit erstaunlicher Präzision, was die Teilnehmenden dachten. Zwischendurch stellte es sogar fest, dass sie versehentlich die falsche Antwort angekreuzt hatten. Die Technologie, so wurde ihnen klar, schien tatsächlich auf revolutionäre Weise in ihre Gedankenwelt hineinschauen zu können.

Dann ging der eigentliche Test los: Den Versuchspersonen wurden Fragen dazu gestellt, wie hilfsbereit sie waren. Anschließend besprachen die Forschenden mit ihnen die Computerauswertungen und verglichen sie mit ihren Selbsteinschätzungen. Bei einigen der Teilnehmenden waren die Werte deutlich höher, bei anderen deutlich niedriger. Für viele war es ein Schock, schienen die Ergebnisse doch tief verwurzelte Annahmen über sie selbst grundlegend in Frage zu stellen. Trotzdem zweifelte niemand die Ergebnisse an; einige Teilnehmende verteidigten sie sogar: «In einem Extremfall erklärte ein Teilnehmer gar, er sei dankbar, dass das Feedback der Maschine ihm geholfen habe zu erkennen, wie sehr sein Leben von seinen Idealen abgewichen sei.»[5]

Als die Teilnehmenden abschließend gebeten wurden, sich und ihre Einstellungen erneut einzuschätzen, näherten sie sich deutlich dem Ergebnis an, das der Computer zuvor über sie ausgespuckt hatte. Wie sollte es auch anders sein? Das System hatte mithilfe seiner revolutionären Technologie schließlich objektiv erkannt, was wirklich und wahrhaftig in ihnen vorging.

Dachten die Teilnehmenden zumindest. Denn in Wahrheit

wusste die Maschine nichts über ihre Gedankenwelt oder Überzeugungen: Der Versuchsaufbau war fake. Um sich Vertrauen zu erschleichen, hatten die Forschenden althergebrachte Zaubertricks angewandt, einschließlich fingierter Fragebogen und einer wissenschaftlichen Hilfskraft, die sich hinter einem halbdurchlässigen Spiegel versteckte und Antworten mitschrieb.

Niemand von ihnen forschte wirklich dazu, wie man die Überzeugungen von Menschen durch eine Analyse ihrer Gehirnaktivität erkennen konnte. Sie kamen aus der Verhaltensforschung. Ihr Interesse galt der Frage, wie es unser Denken beeinflusst, wenn dieses scheinbar von einer Maschine ausgelesen werden kann.

Wizard of Oz-Experimente nennt die experimentelle Psychologie solche Versuchsaufbauten: Wie der Zauberer im gleichnamigen Roman von 1900 und Film von 1939 – der eigentlich ein Mensch ist, aber durch geniale Zaubertricks die Einwohnerschaft einer Smaragdstadt glauben lässt, dass er übermenschliche Kräfte hat – hatten die Forschenden sich durch List das Vertrauen der Teilnehmenden in ihre Pseudo-Technologie erschlichen. Mithilfe des Experiments wollten sie prüfen, ob Menschen der Einschätzung einer Maschine mehr als ihrem eigenen Urteilsvermögen glauben würden.

Die Ergebnisse des Teams rund um den kanadischen Verhaltensforscher Jay Olsen, 2023 veröffentlicht, lassen sich nicht verallgemeinern; weitere Studien sind nötig. Aber sie liefern faszinierende erste Einblicke, wie wir auf Systeme reagieren, die unsere Gedankenwelt zu verstehen scheinen. Keiner der Teilnehmenden äußerte Skepsis daran, dass die Technologie wirklich ihre Gedankenwelt verstünde. Niemand äußerte den Verdacht, dass die Apparatur einfach ein großer Schwindel sein könnte. Wann immer wir Menschen mit Technologie in Berührung kommen, die Einblicke in unser Denken zu erlauben scheint, «deuten unsere Ergebnisse an, dass Menschen sich an das Feedback von einer Maschine anpassen, auch wenn es im Widerspruch zu ihrer eigenen Introspektion steht», fassten es die Forschenden zusammen.

Wir scheinen dazu zu tendieren, Maschinen zu trauen, weil wir das Gefühl haben, sie wüssten es besser. Es ist eine Art selbsterfüllender Prophezeiung: Wir sitzen in der Smaragdstadt, verneigen uns in Hochachtung vor den vermeintlichen Fähigkeiten des Zauberers von Oz, wollen seinen Aussagen Glauben schenken und beginnen so zu glauben, was er sagt. Je mehr *Mind-Reading AI* in den nächsten Jahren Teil unseres Lebens wird, desto mehr heißt es, das im Gedächtnis zu behalten.

Das letzte Wort: Automatisierte Entscheidungen und ein ‹human in the loop›

Einige Wochen später sprach ich Marcus Heidbrink, den zweiten Gründer von Zortify, auf solche *Wizard of Oz*-Experimente an. Seine Antwort überraschte mich. Ich hatte erwartet, dass er mir widersprechen und voller Verkaufselan KI-Persönlichkeitsanalysen verteidigen würde. Doch der Psychologe nickte: «Ja», sagte er. Es sei zulässig, dass ich ihm diese Fragen stellte. Ihn selbst erschrecke manchmal, «wie schnell Menschen doch einem KI-Ergebnis glauben».

Wir hatten uns verabredet, um die Ergebnisse meiner Persönlichkeitsanalyse durchzusprechen. Nun sagte mir Heidbrink, ich dürfte die einzelnen Werte «nicht komplett auf die Goldwaage» legen. Hinter dem System stünde «Empirie, Wissenschaft, große Zahlen, aber mehr eben auch nicht». Es sei ganz normal, dass die Ergebnisse eine gewisse Fehlerrate aufweisen, irgendwo im Bereich zwischen 2 und 5 Prozent. Und es sei wichtig, dass den Teilnehmenden das in einem Debriefing deutlich gemacht würde.

Die Offenheit, mit der die Firma mir Einblicke in ihre Technologie gab, ist selten bei Tech-Unternehmen, egal ob es sich um Milliarden-Konzerne oder Start-ups handelt. HireVue, die Firma hinter den Video-Interviews von Jessica, hatte meine Interview-Anfragen damals monatelang ignoriert. Dem Luxemburger Start-up dagegen war es erkennbar wichtig zu zeigen, dass es sich der Verantwortung bewusst war, die mit der Entwicklung einer Technologie wie der seinen einherging.

So hatte das Unternehmen laut Heidbrink beim Sammeln seiner Daten berücksichtigt, dass die Teilnehmenden einen Durchschnitt der Bevölkerung repräsentierten und keine Anreize hatten, falsche Angaben zu machen. Gleichzeitig achte die Software bei ihrer Analyse der Antworten nicht auf einzelne Wörter oder darauf, wie perfekt oder fehlerhaft die Grammatik war, sondern auf das größere Bild und die Bedeutung, die den Aussagen zugrunde lag. Damit solle verhindert werden, dass Menschen benachteiligt werden, deren Muttersprache nicht Deutsch, Englisch oder Französisch ist.

Vor allem eines war der Firma wichtig: Ihre Analysen allein sollten nicht den Ausschlag geben, ob jemand eingestellt wird. Stattdessen, so betonte es CEO Feltes mehrfach, sollten sie als *ein* Faktor in den Entscheidungsprozess einfließen: «Wir liefern eine Informationsquelle für dich als Recruiter, als Personaler, oder als Unternehmer, auf der du eine Entscheidung treffen kannst.»

«Aber wir treffen keine Entscheidung», betonte Felten. «Unser Tool sortiert nicht aus.»

Es ist der Angelpunkt in fast jeder Diskussion rund um KI-Technologie: Die Frage, wieviel Entscheidungen wir in welchem Ausmaß an Maschinen delegieren können und sollten. Über die 2010er Jahre wurden, wie im ersten Kapitel beschrieben, auf technischer Ebene immer mehr Entscheidungen an Maschinen delegiert. Diese Entwicklung, so zeigt der Aufstieg von KI Persönlichkeitstests in der Arbeitswelt, spiegelt sich heute zunehmend in der analogen Welt. Immer mehr Entscheidungen werden von Software beeinflusst. Das ist per se nichts Schlechtes. Auch Menschen sind kein Garant für Gerechtigkeit, ganz im Gegenteil: Die Geschichte ist voll von unfairen Entscheidungen, die sie aus unlauteren Motiven oder Vorurteilen getroffen haben, ob bewusst oder unbewusst. Menschen sind nachlässig, manchmal übermütig, mal schlecht gelaunt, und sie machen Fehler. Manche Menschen sind im moralischen Sinne auch einfach keine «guten» Menschen. Computer können hier helfen, gerechtere und weniger voreingenommene Entscheidungen zu treffen.

Gleichzeitig sind aber auch Maschinen fehlbar. Auch sie können diskriminieren. Und sobald sie KI-Technologie in sich tragen, potenziert sich dieses Risiko. Wie also finden wir das richtige Maß? Es liegt meines Erachtens im Sinne von Aristoteles' *Mesotes*-Prinzip in der Mitte.

«Entmenschlichend» hatte Jessica die KI-Analysen genannt, die sie während ihrer Bewerbungen über sich ergehen lassen musste. Sie hatte dieses Wort gewählt, weil sie es kein einziges Mal mit einem Menschen zu tun gehabt hatte und so den Eindruck bekommen hatte, dass allein eine Software über ihre berufliche Zukunft entscheide. Das ist der springende Punkt: Wenn wichtige Entscheidungsprozesse an KI ausgelagert werden, sollte ein Mensch in diesen Prozess eingebunden bleiben. *A human in the loop* heißt das im Informatik-Jargon. Könnten diese Entscheidungen gar lebensverändernde Konsequenzen haben, sollte ein Mensch stets das letzte Wort behalten. Der Einsatz von KI-Persönlichkeitsanalysen in Bewerbungsverfahren fällt in meinen Augen in vielerlei Hinsicht unter diese Kategorie.

Jeder Firma steht es frei, wie sie ihre Beschäftigten aussucht. Auch wie sie den Vorgang automatisiert, ist ihre Sache. Und doch sollten Unternehmen, denen an einem verantwortungsvollen Einsatz von KI gelegen ist, einen Recruitment-Prozess nie gänzlich an

Software delegieren. Das letzte Wort sollte weiterhin bei Menschen liegen; Menschen, die auch zur Verantwortung gezogen werden können, wenn sie bestimmte Bewerbende gezielt benachteiligen.

«Ich liebe Technologie», sagte mir Jessica, «aber sie sollte ihre Grenzen haben.» Wir stehen am Anfang eines Zeitalters, in dem Technologie immer besser darin wird, auszuwerten, was wir denken und fühlen. Die Erfahrungen von KI-Persönlichkeitsanalysen geben einen ersten Einblick, was uns erwartet. Gleichzeitig sind die Programme in vielerlei Hinsicht nur der Anfang. Denn anderswo auf der Welt arbeiten Forschende und Firmen längst daran, mittels KI nicht nur unsere Persönlichkeiten zu analysieren, sondern auch wortwörtlich unsere Gedanken zu dekodieren. Und anders als bei dem kanadischen Team mit seinen *Wizard of Oz*-Tricks sind ihre Apparaturen echt.

4
Brain Decoder
Wie KI unsere Gehirnaktivität ausliest

• *Paris, Frankreich*

Anfang der 2020er Jahre entwarf ein Forschungsteam in einem Pariser KI-Labor ein so ehrgeiziges wie faszinierendes Vorhaben: Mithilfe von KI wollten sie Aufnahmen des Gehirns in Sprache zurückübersetzen. Sie wollten ein System entwickeln, das aus Hirnscans rekonstruieren könnte, was Menschen im Moment der Aufzeichnung gehört hatten.

Die Forschenden waren Mitglieder der *Brain & AI*-Gruppe in der Grundlagenforschungs-Einrichtung FAIR (*Fundamental Artificial Intelligence Research)* von Meta – dem US-Techriesen, vormals Facebook, auf dessen Terrasse ich 2019 gestanden hatte und mit Blick auf den Eiffelturm den Entschluss für diese Recherche gefasst hatte. Geleitet wurde das Team von Jean-Rémi King, einem französischen Neurowissenschaftler Mitte dreißig mit bubenhaftem Aussehen. King hatte an Eliteuniversitäten in Paris und New York geforscht, bevor er 2018 zu FAIR kam. Seitdem hatte er verschiedene Projekte angestoßen, die im Kern alle dasselbe Ziel verfolgten: mit künstlicher Intelligenz besser zu verstehen, wie unser Gehirn Informationen verarbeitet und Funktionen ausführt, von einfachen Reflexen hin zu komplexen Gedanken.

King stand in einer Tradition von Forschenden, die unser Gehirn als eine Art Datenstruktur verstanden: als natürliches Rechenzentrum, das ähnlich wie ein Computer Daten verarbeitet und dabei zumindest teilweise bestimmten Regeln folgt. Dieser Gedanke lag auch dem jüngsten Projekt zugrunde: Denn wenn unser Gehirn bei der Verarbeitung von Informationen einem «neuronalen Code» folgt, müsste es dann nicht auch möglich sein, die Aufnahmen von Hirnaktivität wieder in das zu übersetzen, was sie ursprünglich ausgelöst hat? Könnte man Hirnscans so analysieren, dass ihre Bedeutung für uns wieder verständlich würde?

Die Frage, ob und wie das möglich sein könnte, trieb die Neurowissenschaft schon länger um. In den Jahrzehnten zuvor war sie immer besser darin geworden, anhand der Analyse von Hirnaktivität Rückschlüsse auf Sinneseindrücke oder die mentale Verfassung von Menschen zu ziehen. Aber wenn es darum ging, aus den Aufnahmen auch Semantik zu entschlüsseln – *was* Menschen gesehen oder gehört hatten oder *an was* sie gedacht hatten –, hatten sich Forschende bisher die Zähne ausgebissen.

Zum einen waren die Datenmengen schlichtweg zu groß gewesen. Dank *Deep Learning* konnten Forschende jetzt aber mehr Informationen detaillierter denn je auswerten. Und noch etwas war anders, doch dazu gleich mehr. Alles in allem war Forschungsleiter King, als sein Team über den Dächern von Paris loslegte, vorsichtig optimistisch, mit dem Vorhaben erste neue Erfolge vermelden zu können.

Zunächst galt es, Trainingsdaten zu finden: Aufzeichnungen von Gehirnaktivität, die gemacht wurden, während Menschen einen Text hörten, plus die entsprechenden Texte. Fündig wurden sie in vier Studien. So trugen sie insgesamt knapp 75 Stunden Audio-Material auf Englisch und gut 80 Stunden auf Niederländisch zusammen sowie Hirnscans von Versuchspersonen, während denen die Texte vorgespielt wurden. Als nächstes programmierten die Forschenden ein KI-System, das sowohl die Aufnahmen des Gehirns als auch die Audiodaten auf Muster durchleuchtete. Dabei sollte es sich selbst beibringen, welche Aktivität im Gehirn wahrscheinlich von welchem Wort ausgelöst wurde. Schließlich testeten die Forschenden ihr System: Sie legten ihm zufällig ausgewählte Schnipsel vor und ließen es diese analysieren.

Die Ergebnisse, die Meta 2023 veröffentlichte,[1] übertrafen ihre Erwartungen: Das System war zwar weit davon entfernt, perfekt zu sein. Aber in über 40 Prozent aller Fälle übersetzte es die Aufnahme der Gehirnaktivität korrekt in das entsprechende Wort. Teilweise entschlüsselte das System dabei ganze kurze Sätze wie *Thank you for coming Ed* (Danke, dass du gekommen bist, Ed).

Das KI-System las Gedanken aus. Mit seinen Fähigkeiten überraschte es selbst diejenigen, die es geschaffen hatten, sagte mir King im Herbst 2023. Und das war erst der Anfang: Weitere ähnlich spektakuläre Ergebnisse würden folgen, in Paris und anderswo.

Die Jagd nach dem Gedanken-Code

Rund um den Globus versuchen sich Forschungsteams daran, mittels solcher und ähnlicher KI-Methoden die Aufnahmen von Hirnaktivität zu dekodieren. Weitgehend unbemerkt ist so hinter verschlossenen Türen ein Rennen ausgebrochen: eine Jagd nach den theoretischen Grundlagen unseres Gedanken-Codes.

So haben es auch Wissenschaftlerinnen und Wissenschaftler im US-Bundesstaat Texas mit einer ähnlichen Methode geschafft, teilweise die Inhalte eines Podcasts zu rekonstruieren, den Versuchspersonen zuvor gehört hatten.[2] Andere Forschende an der Universität Sydney konnten Abschnitte eines Textes wiederherstellen, den sich Menschen zuvor still selbst vorgelesen hatten.[3]

Ihre Methoden haben den Status von Grundlagenforschung im Frühstadium und sind noch weit davon entfernt, flächendeckend in Anwendungen verbaut zu werden. Nicht nur funktionieren die Systeme nur bei den Menschen, mit deren Daten sie trainiert wurden. Gleichzeitig lesen sie auch nur solche Informationen aus, die das Gehirn im jeweiligen Moment aktiv verarbeitet hat – und nichts von alledem, was in anderen Bereichen unseres Gehirns schlummert, von Kindheitserinnerungen hin zu dem Allgemeinwissen darüber, wie die Welt funktioniert, das wir uns im Laufe eines Lebens aneignen.

Aber ihre Ergebnisse zeigen, dass es grundsätzlich möglich ist, mit Unterstützung durch künstliche Intelligenz Gehirnscans zu dekodieren. Mehr als alle anderen Methoden, die wir zuvor in diesem Buch betrachtet haben, machen sie unsere Gedankenwelt damit auf eine Art transparent, die neu ist in der Geschichte der Menschheit. Welche großartigen Möglichkeiten, aber auch welch riesiges dystopisches Potenzial das in sich birgt, wird im Rest dieses Buchs klar werden.

Zunächst aber ein Schritt zurück: Wie machen wir überhaupt Aufnahmen von dem, was im Inneren unseres Gehirns vor sich geht? Das Auslesen von Gehirnaktivität ist erstmal vor allem ziemlich schwierig. Das liegt unter anderem daran, dass die Natur unser Gehirn zum Schutz inmitten eines dicken, von einer Hautschicht bedeckten Knochens platziert hat. Um Aufnahmen von seinem Inneren zu machen, muss man durch diesen Schädel hindurch. Dafür stehen der Forschung heute verschiedene bildgebende Verfahren zur Verfügung. Die wohl bekanntesten sind die Elektroenzephalographie (EEG), die Magnetoenzephalographie (MEG) und die funktionelle Magnetresonanztomographie (fMRT). Sie messen mit verschiedenen Methoden Aktivität im Gehirn. Seit ihrer Erfindung, die teilweise ein Jahrhundert zurückliegt, sind sie immer besser geworden. Und doch sind sie angesichts der beeindruckenden Komplexität unseres Gehirns im Endeffekt immer noch nur Annäherungen an das, was da drinnen vorgeht. So kann man sie sich ein bisschen vorstellen wie die allerersten grobpixeligen Onlinefotos aus den Anfangstagen des Internets, bei denen man die Gesichtsausdrücke von Personen noch erahnen musste.

Wie also ziehen die Forschenden wie Kings Team in Paris aus diesem Durcheinander Rückschlüsse darauf, *was* wir in einem bestimmten Moment gehört, gesehen oder gedacht haben? Hier kommt wieder künstliche Intelligenz ins Spiel – und zwar eine Art, die in den letzten Jahren für viele Menschen zum Synonym für KI per se geworden ist: «generative KI».

KI für die Massen: Der Aufstieg generativer KI

Bekannt wurden solche KI-Anwendungen schlagartig im November 2022, als das amerikanische Tech-Unternehmen OpenAI auf seiner Internetseite den Chatbot ChatGPT veröffentlichte. Das Programm ist kinderleicht zu bedienen: In einem Textfeld stellt man ihm Fragen oder gibt ihm Anweisungen, die es blitzschnell erfüllt. Ob eine Beschwerde-E-Mail an einen Kundenservice, eine Zusammenfassung der Geschichte Patagoniens oder ein Gedicht im Stil Erich Kästners übers Gedankenlesen: ChatGPT spuckt es aus. Gleichzeitig wirken seine Antworten menschenähnlicher als alles, was man zuvor von Chatbots kannte.

Die Markteinführung markierte das erste Mal, dass ein solches Programm der breiten Öffentlichkeit zugänglich gemacht wurde, und sie erwies sich als PR-Coup für das Unternehmen. Laut der Investmentbank UBS wuchs die Zahl der Menschen, die ChatGPT im Monat nutzten, innerhalb von acht Wochen auf über hundert Millionen. Dabei stammt die springende Idee, wie Computer scheinbar aus dem Nichts menschengemachte Inhalte produzieren können, gar nicht von OpenAI, sondern einem anderen US-Technologie-Giganten.

Im Jahr 2017 hatten Forschende bei Google gemeinsam mit einem Wissenschaftler von der Universität von Toronto eine neuartige Architektur für künstliche neuronale Netzwerke vorgestellt, die sie *Transformer* nannten.[4] Auf revolutionär neue Art erlaubten diese Modelle es Computern, unsere Sprache zu verarbeiten. Das ist schwieriger, als man zunächst denken mag: Wenn wir sagen: «Er sitzt auf einer Bank», dann bedeutet das Wort «Bank» etwas anderes, als wenn wir sagen: «Seine Millionen liegen auf der Bank.» Solche Unterschiede zu berücksichtigen, war für Computer bisher extrem schwer gewesen. Googles *Transformer* änderte das. Gleichzeitig erlaubte die neue Methode, KI-Systeme mit noch mehr Daten als zuvor zu trainieren. So wurden sie extrem gut darin vorauszusagen, welches Wort einem anderen folgen sollte.

Die Veröffentlichung schlug Wellen in der Fachwelt, und sie gab den Startschuss für einen kommerziellen Wettlauf um große Sprachmodelle, besser bekannt unter dem englischen Akronym LLMs (*large language models*): Basierend auf der *Transformer*-Architektur begannen Firmen rund um die Welt, ihre eigenen LLMs zu entwickeln. In den Jahren darauf veröffentlichten sie immer leistungsstärkere Versionen.

Mit jeder neuen Generation geriet die Tech-Welt mehr in Aufruhr. Das *Daidalos*-Lager schwärmte, dass generative KI ganze Industrien reformieren würde, Menschen repetitive Aufgaben bald an KI delegieren könnten und wir alle irgendwann weniger arbeiten müssten.

Nicht jeder teilte ihre Begeisterung. *Kassandras* wie die Linguistin Emily Bender warnten, dass die Modelle «stochastische Papageien» seien, die mehr oder weniger zufällig nachplapperten, was sie in ihren Trainingsdaten gefunden hatten, einschließlich diskriminierender Vorurteile.[5] So zeigten Forschende 2021, wie eine frühe Version des Modells GPT-3 das Wort «Muslim», verglichen mit anderen Religionen, überproportional oft in einen Kontext mit Gewalt und Terrorismus stellte.[6] Ähnliche diskriminierende

Tendenzen haben sich seitdem auch bei der Untersuchung weiterer großer Sprachmodelle gezeigt.[7]

Andere Forschungsteams warnten derweil vor dem massiven Energieverbrauch der riesigen Computersysteme und den möglichen Auswirkungen auf die Klimakrise: Die Entwicklung und Instandhaltung neuester KI-Systeme, so ihre Prognosen, könnte bis zum Jahr 2027 so viel Energie verbrauchen wie heute das Land Argentinien in einem ganzen Jahr.[8] Doch in der allgemeinen Begeisterung über die revolutionäre Natur der Systeme gingen solche Warnungen wieder einmal unter.

Dann kam der November 2022, und OpenAI – das 2015 als gemeinnützige Organisation gegründet worden war, aber mittlerweile auch Gewinne erwirtschaftete – ließ die Technologie auf die Massen los. ChatGPT, dessen T für *Transformer* steht, löste einen Dominoeffekt aus: Andere, zuvor zurückhaltendere Firmen wie Google zogen nach und veröffentlichten ihre eigenen LLM-basierten Programme. Bald generierten diese nicht nur Text, sondern auch Bilder, Videos oder Musik. In Windeseile wurden sie zum alltäglichen Tool für viele Menschen. Wer heute durch Universitätsbibliotheken läuft, sieht ChatGPT und Co. auf jedem zweiten Bildschirm. So markierte die Veröffentlichung der Systeme den «iPhone-Moment» der KI, wie es die Wissenschaftlerinnen und Unternehmerinnen Miriam Meckel und Léa Steinacker in ihrem Buch *Alles überall auf einmal* formulieren: die Phase «einer breiten gesellschaftsweiten Anwendung von KI-Systemen, die bisher Spezialisten und Expertinnen vorbehalten waren»[9].

Gehirn-Dekodierer: Wie generative KI Gehirnaktivität ausliest

Und was hat all das mit *Mind-Reading AI* zu tun? Mehr als man denken mag: Generative KI, sind manche in der Forschung überzeugt, könnte ein entscheidender Baustein sein, um den Code unserer Gedanken zu knacken.

So wie sich die großen Sprachmodelle durch die Analyse riesiger Textmengen selbst beibringen, wie Sprache funktioniert, soll KI auf ähnliche Weise Muster und Strukturen in den Aufnahmen unseres Gehirns finden und daraus Rückschlüsse auf ihre Bedeutung ziehen. Ähnliche Modelle wie diejenigen, die hinter Programmen à la ChatGPT stehen, könnten den Neurowissenschaften so helfen, einen funktionierenden Dekodierer für Gehirnaktivität zu entwickeln: eine Dechiffriermaschine, die Hirnscans zurückübersetzt in die Informationen, die unsere Gehirne in jenem Moment verarbeitet haben, und zwar nicht nur Sprache, sondern auch Bilder und mehr.

«Konvergenz» nennt man solche Momente, wenn technologische Durchbrüche aus unterschiedlichen Disziplinen miteinander verschmelzen. Nicht selten sind sie es, die zu wegweisenden Fortschritten führen.

So beschrieb Meta-Neurowissenschaftler Jean-Rémi King den Aufstieg generativer KI als «bahnbrechenden Moment». Noch vor ein paar Jahren «wussten wir nicht, was wir tun sollten mit diesen abstrakten Darstellungen von neuronaler Aktivität», sagte er mir: «Jetzt haben wir diese Art von Übersetzer, die uns erlauben, sie zu übersetzen in eine Folge von Wörtern oder Bilder, die wir uns anschauen können.»

Welchen Unterschied generative KI in der Praxis macht, wird deutlich, wenn man Experimente von vor ein paar Jahren, die vor dem Aufstieg der LLMs durchgeführt wurden, mit jüngsten Studien vergleicht, bei denen generative KI zum Einsatz kam. Als Forschende 2018 im japanischen Kyoto versuchten, Gehirnscans mit älteren KI-Methoden in Bilder zu überführen, erinnerten die Ergebnisse noch eher an abstrakte Malerei als an Fotografien. Es bedurfte einiger Fantasie, um Ähnlichkeiten mit den ursprünglichen Bildern zu finden.[10] Ganz anders dagegen die Bilder, die ein anderes Team an der Universität Osaka im Jahr 2023 unter Mithilfe des KI-Bildgenerators Stable Diffusion erstellte: Zwar waren auch sie weit entfernt von einer Eins-zu-eins-Rekonstruktion dessen, was Menschen zuvor gesehen hatten. Aber Ähnlichkeiten waren nun unübersehbar.[11]

Auch die Forschenden bei Meta in Paris machten sich nach ihrem Sprachexperiment als nächstes daran, Bilder aus Hirnscans zu dekodieren. Dafür entwickelten sie ihr Modell weiter und trainierten es auf einer großen Bilddatenbank. Erneut verblüffte die Leistung des KI-Systems die Forschenden, sagte mir King im Oktober 2023 vor der Veröffentlichung der Ergebnisse.[12] Das System rekonstruierte Bilder, die zwar nicht identisch mit dem waren, was die Versuchspersonen zuvor gesehen hatten, aber doch erstaunlich ähnlich: Die Streifen eines Zebras sahen zwar teilweise eher aus wie Kuhflecken. Aber das Tier war in der Rekonstruktion klar als Zebra zu erkennen, und seine Körperhaltung und Umgebung stimmten erstaunlich gut mit dem Original überein. «Die Bilder sind weit davon entfernt, perfekt zu sein, sie haben viele Fehler – aber es ist doch so viel besser als das, was ich erwartet hätte», so King.

Andere Teams von Toulouse bis Rom können ähnliche Ergebnisse vorweisen.[13] Rund um die Welt wird die Forschung immer besser darin, Hirnscans auszulesen. Und wieder einmal fällt auf, dass private Unternehmen dabei ganz vorne mitspielen: So hat neben Meta auch Microsoft seinen eigenen Ansatz veröffentlicht, um Bilder aus Aufnahmen von Gehirnaktivität zu rekonstruieren.[14] Von Forschenden bei Google stammt ein Forschungsansatz, wie man Musik aus Gehirnscans wiederherstellen könnte.[15] Und wieder stellt sich die Frage: Warum?

NeuroAI: Big Tech und die Neurowissenschaften

Während meines Gesprächs mit Meta-Forscher King im Herbst 2023 musste ich daran denken, wie ich knapp fünf Jahre zuvor auf der Terrasse seiner Forschungseinrichtung stand, den Blick über den Dächern von Paris und das Brausen der Stadt unter mir im Ohr. So stellte ich ihm am Schluss die Frage, die mir seit damals durch den Kopf ging: Warum investiert ein privates Unternehmen wie Meta so viel Geld in neurowissenschaftliche Grundlagenforschung?

King schien die Frage nicht das erste Mal zu hören. «Um ganz ehrlich zu sein, ich bin mir da selbst nicht sicher», antwortete er: «Ich bin selbst erstaunt, dass Meta uns dafür bezahlt, diese Grundlagenforschung zu machen, obwohl ein Weg hin zum Produkt schwer zu finden ist.»

In Variationen habe ich die Antwort über die Jahre hinweg immer wieder von Leuten gehört, die Grundlagenforschung im Auftrag großer Firmen betrieben, ob nun Google, Microsoft oder Meta: Sie wussten selbst nicht genau, warum die Unternehmen ihre Arbeit finanzierten. Aber sie waren dankbar für die Freiheiten, die sie genossen, und die finanzielle Ausstattung, mit der öffentliche Universitäten nicht mithalten konnten.

Für sich selbst, so fügte King hinzu, habe er eine Erklärung gefunden. Es sei nur seine Interpretation als Wissenschaftler, betonte er, und er wisse nicht, ob er damit richtig liege. Aber so sehr ihn all die rasanten Fortschritte in der KI beeindruckten, so sehr gebe «es doch immer noch grundlegende Prinzipien des menschlichen Gehirns, die in KI-Systemen noch nicht umgesetzt wurden».

In anderen Worten: Vieles, was unser Gehirn tagein tagaus leistet, kann künstliche Intelligenz nicht – nicht zuletzt, weil wir selbst nicht genau verstehen, wie es das macht. KI mag inzwischen selbst die besten Menschen in super-komplexen Brett- und Computerspielen schlagen. Aber sie scheitert immer noch daran, andere zentrale Aspekte unserer Intelligenz oder auch der von Tieren nachzuahmen. Dazu gehört beispielsweise unsere Fähigkeit, uns blitzschnell an unvorhersehbare Veränderungen in unserer Umwelt anzupassen, was es uns erlaubt, eine der wohl komplexesten Aufgaben der Welt zu stemmen: Kinder großzuziehen.

Gleichzeitig machen sich unter Forschenden Zweifel breit, dass sie Computern auch diese Aspekte von Intelligenz beibringen können, indem sie heutige KI-Modelle nur immer größer machen und mit immer mehr Daten füttern. Für die nächsten großen Durchbrüche scheinen neue Ideen vonnöten. Und wieder einmal wendet sich die Computerwissenschaft für Inspiration unserer natürlichen Intelligenz und den Neurowissenschaften zu. Denn nicht zuletzt arbeiten unsere Gehirne auch um ein Zigfaches energieeffizienter als jede heutige KI: So entspricht der durchschnittliche Energieverbrauch eines erwachsenen Gehirns ungefähr dem einer 20-Watt-Glühbirne. Im Laufe eines ganzen Tages verbraucht das Organ so weniger als ein Zehntel der Energie, die bei jeder Anfrage an ein großes Sprachmodell schätzungsweise verpufft.

«Um den Fortschritt der KI zu beschleunigen und ihr enormes Potenzial auszuschöpfen, müssen wir in die Grundlagenforschung im Bereich ‹NeuroAI› investieren»[16], schreibt das *Who's Who* der weltweiten KI-Forschung in einem gemeinsamen Aufsatz, darunter Forschende von Meta und Google DeepMind. Vor diesem Hintergrund muss man die massiven Investitionen durch *Big*

Tech sehen. «Wir befinden uns immer noch am Anfang der KI-Revolution», sagte mir Meta-Wissenschaftler King. «Wir müssen immer noch die Schlüsselprinzipien von Intelligenz finden, von denen wir viele noch nicht verstanden haben, und es kann sicher helfen, wenn manche in deinem Team einen gewissen Hintergrund in Neurowissenschaft mitbringen.»

Die Offenheit von Meta und seinem Forscher erstaunte mich, im Positiven. Ende der 2010er Jahre hatte ich bei Recherchen immer wieder gemerkt, wie das krisengebeutelte Unternehmen, das damals noch Facebook hieß, meine Anfragen abblockte. Vielleicht hat die Firma aus den schmerzhaften Cambridge-Analytica-Enthüllungen und der Erfahrung, dass die eigene Technologie zu unbeabsichtigten Zwecken missbraucht werden kann, gelernt. Meta schien es jedenfalls ernst zu meinen mit der Transparenz, die sein Chef-KI-Forscher Yann LeCun als Maxime für die Grundlagenforschung ausgerufen hat.

Andere Unternehmen zeigen sich verschlossener: Kaum eine private Forschungseinrichtung steht so sehr für die Schnittstelle zwischen KI und Neurowissenschaften wie das einstige Start-up DeepMind, das mittlerweile Teil der Grundlagenforschung von Google ist. Im Jahr 2017 erklärte Co-Gründer Demis Hassabis, selbst promovierter Neurowissenschaftler, gemeinsam mit zwei anderen Forschern die Beziehung ihrer Disziplin zur KI als *virtuous circle*, als eine Erfolgsgeschichte der wechselseitigen Inspiration: Erkenntnisse über das menschliche Gehirn, so argumentierten sie damals, halfen sowohl dabei, KI-Modelle zu testen, als auch Ideen für ganz neue KI-Systeme zu entwickeln.

Gerne hätte ich mit einem der Google DeepMind-Forschenden darüber gesprochen. Doch das Unternehmen hielt mich über Monate hin, bis es meine Anfrage schließlich im Sand verlaufen ließ. Das ist die Kehrseite privat finanzierter Grundlagenforschung: Firmen müssen nicht transparent machen, woran sie arbeiten und warum sie das tun. Während ihre Forschenden in ihren gut ausgestatteten Laboren gen Himmel streben – und dort nicht selten an Technologien arbeiten, die unsere Gesellschaften verändern könnten –, sind sie der Öffentlichkeit keine Rechenschaft schuldig.

Geht es ihnen nur darum, einen Beitrag zur Wissenschaftsgeschichte zu leisten? Darüber lässt sich nur spekulieren. Sie sind und bleiben Privatunternehmen. Diese, so lehrt uns die Betriebswirtschaftslehre, investieren in langfristige Forschung, um die schlausten Köpfe im Feld an sich zu binden und von disruptiven Veränderungen nicht überrascht zu werden, sondern diese selbst zu initiieren.

Vieles von dem, was gerade in den privaten KI-Laboren der Welt wie Google DeepMind entsteht, mag weit weg wirken von einer kommerziellen Nutzung. Aber bis in die frühen 2010er Jahre hinein galten viele der Ansätze, die der generativen KI von heute zugrunde liegen, auch noch als *blue sky research.* Dann verschoben technologische Durchbrüche die Grenze dessen, was als möglich galt. Heute leben wir im Zeitalter von ChatGPT.

In der Welt der Technologie gelten Dinge immer nur so lange als unvorstellbar, bis jemand sie umsetzt. Dasselbe wird für *Mind-Reading AI* gelten. Und anderswo, so wurde es mir im Laufe meiner Recherchen bewusst, hat die Verbreitung erster Anwendungen bereits begonnen: Schon heute werden Geräte, die rudimentäre Einblicke in unsere Gedankenwelt ermöglichen, nach und nach Teil unseres Alltags. Auch bei dieser Entwicklung sind die großen Tech-Unternehmen dieser Welt ganz vorne mit dabei. Es handelt sich um Hardware, die banal wirkt im Vergleich zur Grundlagenforschung eines Jean-Rémi King in Paris und im ersten Moment würde man keinen Zusammenhang vermuten. Aber bei genauerem Hinsehen wird das Bild komplexer.

5
Immersive Technologien und Wearables
Wie wir Computer mit Gedankenkraft steuern

- *London, Großbritannien / Metaverse*

Plötzlich waren sie da: drei Personen, männliches Aussehen. Sie umzingelten sie, beschimpften sie mit sexualisierten Kraftausdrücken. Dann, so erinnerte sich Nina Jane Patel, begannen die Angreifer, sie im virtuellen Raum «zu begrapschen, anders kann ich es nicht beschreiben». Ein vierter Avatar stand daneben und machte Fotos. «Im ersten Moment wusste ich nicht, was passiert», würde mir Patel später erzählen. Sie sagte ihren Peinigern, dass sie aufhören und sie in Ruhe lassen sollten. Ohne Erfolg. Patel versuchte, im digitalen Raum wegzulaufen. Doch sie ließen nicht locker und schlossen immer wieder zu ihr auf.

Es war Dezember 2021. In Artikeln überschlugen sich Neuigkeiten rund um das *Metaverse*: einer virtuellen Realität (VR), benannt nach einem Science-Fiction-Roman aus den 1990ern, durch die Menschen als digitale Replika ihrer selbst, sogenannte «Avatare», spazierten. Seit Jahrzehnten schon entwickelten Firmen solche Welten. Allerdings blieben Programme wie *Second Life*, eine virtuelle Realität aus den 2000er Jahren, oder das Rollenspiel *World of Warcraft* lange Nischenprodukte. Zwar begeisterten sie eine treue Online-Gemeinschaft. Für die breite Öffentlichkeit jedoch waren sie Kuriositäten, die nur die wenigsten schon einmal selbst betreten hatten.

Nun aber, so schrieben Beratungsfirmen, seien Computer und Internetverbindungen gut genug, um virtuelle Realitäten massentauglich zu machen. Nicht wenige waren überzeugt, dass das *Metaverse* – nach den statischen Websites der 1990er und frühen 2000er Jahre und den Social-Media-Plattformen, die wir seither nutzen – die nächste, dritte Evolutionsstufe in der Entwicklung des Internets sein würde: Bald würden wir ins *Metaverse* eintauchen, anstatt Apps auf unseren Handys zu öffnen. In dieser virtuellen Realität würden wir uns mit Bekannten treffen, Konzerte besuchen und Arbeitsmeetings abhalten.

Das Potenzial, diese neuen Räume zu vermarkten, schien enorm. Wo könnte man auch besser die Aufmerksamkeit von Menschen auf sich ziehen als in einer Umgebung, die von Grund auf neu geschaffen wird? Goldgräberstimmung machte sich breit: Weltweit überschlugen sich Konzerne und Start-ups mit Versuchen, Boden in der virtuellen Welt für sich zu beanspruchen. Der vermeintliche Ritterschlag kam im Oktober 2021, als Mark Zuckerberg bekannt gab, seinen Social-Media-Giganten Facebook in «Meta» umzubenennen.

Zwei Monate später unternahm Nina Jane Patel ihre erste Erkundungstour ins *Metaverse*. Nach einer Karriere als Tänzerin hatte sie sich zur Bewegungstherapeutin ausbilden lassen und dabei ein Interesse an virtuellen Realitäten entwickelt. Nun hatte sie eine Doktorarbeit über die Auswirkungen des *Metaverse* auf Körper und Geist begonnen. Zur Recherche hatte sie sich eines von Metas «Quest 2»-Headsets besorgt.

Die gepolsterten Geräte werden oft als «VR-Brillen» beschrieben. Man muss sie sich allerdings eher vorstellen als klobige Helme, die den gesamten vorderen Kopf bedecken, einschließlich Augen und Ohren. Im Inneren sind hochauflösende Bildschirme. Diese projizieren eine computergenerierte Szenerie in das Blickfeld. Gleichzeitig reagieren Sensoren unmittelbar auf Bewegungen und passen die Bilder an. So hat man das Gefühl, voll und ganz Teil dieser digitalen 360-Grad-Umgebung zu werden.

Patel zog sich das Headset über den Kopf, nahm zwei Controller in ihre Hände und tauchte ins *Metaverse* ein. Zunächst entwarf sie einen Avatar, der ihr verblüffend ähnlich sah: eine Frau in ihren Vierzigern, mit schulterlangen blonden Haaren und Ohrringen. Es war alles in allem «eine ziemlich konservative Wahl, die mich gut repräsentiert», sagte sie. Anschließend begab sie sich in einen öffentlichen Bereich des *Metaverse*, um andere User zu treffen.

«Ich hätte niemals erwartet, dass irgendetwas Schlimmes passieren würde», erzählte sie mir Ende 2022, als ich sie zum Interview in dem Londoner Reihenhaus traf, wo sie mit ihrem Mann, ihren vier Kindern und ihrem Hund Duncan lebte. Für die letzte Folge meiner *Techtopia*-Dokuserie untersuchte ich, wie die Zukunft des Internets aussehen könnte. Im Laufe meiner Recherchen war ich auf Patels Fall gestoßen. Nach mehreren Telefonaten hatte sie zugestimmt, vor der Kamera über ihre Erfahrung zu sprechen.

Nun saßen wir uns gegenüber, und sie wirkte zögerlich. Sie wollte nicht dafür bekannt werden, im *Metaverse* belästigt worden zu sein. Aber was geschehen war, war geschehen, und wenn das Internet der Zukunft wirklich so aussehen sollte – wenn das die Online-Welt sein würde, in der ihre Kinder aufwachsen werden –, sei es wichtig, diese Gefahren zu diskutieren. Denn Patel war sich sicher: «Was ich erlebt habe, ist nur die Spitze des Eisbergs.»

Ich nickte. In den Wochen vor unserem Treffen war ich auf eine Reihe ähnlicher Vorfälle gestoßen. «Menschen machen entsetzliche Erfahrungen im *Metaverse*», hatte mir Vicky Wyatt von der Digitalrechtsorganisation Ekō, die damals noch SumOfUs hieß, bestätigt. Nachdem ihre Organisation von ersten Missbrauchsfallen gehört hatte, hatte sie eigene Recherchen angestellt. Dafür hatten sie zwei Avatare erstellt, die aussahen wie Schwarze Frauen Anfang zwanzig. Diese hatten sie ins *Metaverse* geschickt, um zu sehen, was passiert.

Worauf sie dort stießen, verstörte selbst die erfahrene Digitalrechtlerin. «Innerhalb einer Stunde nach Betreten der Plattform erlebte eine unserer Forschenden einen sexuellen Übergriff, wurde Zeugin von homophoben Beleidigungen und von Waffengewalt», sagte Wyatt. Die schöne neue Online-Welt, so legten es ihre wie auch Nina Jane Patels Schilderungen nahe, schien bei einem Teil der Nutzerschaft das Schlechteste hervorzubringen.[1]

Fließende Grenzen: Von ‹virtueller› zu ‹gemischter› Realität

Seit meinem Gespräch in London ist der Hype um das *Metaverse* abgeebbt. Das war zu erwarten: Nicht selten beginnt technologische Innovation mit überzogenen Erwartungen. Werden diese nicht erfüllt, folgt eine Phase der Ernüchterung. Ob wir tatsächlich bald einen Großteil unserer Zeit als Avatare in einer virtuellen Internet-Landschaft verbringen werden, bleibt abzuwarten. Ich habe meine Zweifel.

Aber das ist, wie ich in diesem Kapitel argumentieren will, auch nicht entscheidend. Was zählt ist, dass die klobigen VR-Headsets wie das, mit dem Nina Jane Patel sich ins *Metaverse* begab, einen Paradigmenwechsel ankündigen. So technisch unausgereift sie noch wirken, so sehr sollten wir sie als Übergangstechnologie begreifen. Sie sind frühe Indikatoren dafür, wie sich die Weise verändert, wie wir mit Technologie interagieren. Denn während Menschen in den 2000er Jahren virtuelle Welten wie *Second Life* noch betraten, indem sie ein Programm auf ihrem Bildschirm öffneten, tauchen sie heute gefühlt komplett in die virtuellen Räume des *Metaverse* ein. Gleichzeitig analysieren diese Programme dabei vermehrt ihre Bewegungen und Gesten und reagieren in Echtzeit darauf.

Die dafür notwendige Hardware nennt man in Anlehnung an das englische Verb *to immerse* (eintauchen) «immersive Technologien». Bisher waren sie verhältnismäßig hässlich, unpraktisch und teuer. Niemand würde mit VR-Headsets wie dem, das Nina Jane Patel Ende 2021 nutzte, ernsthaft das Haus verlassen. Aber die Geräte werden immer unauffälliger. Schon heute, wenige Jahre später, sind neuere Generationen wie etwa Metas «Quest»-Nachfolgemodelle oder Apples «Vision Pro» kleiner und schicker. Andere Geräte von Start-ups wie Magic Leap aus den USA oder Rokid aus China ähneln zunehmend mehr Brillen als Helmen. Je günstiger und subtiler sie in den nächsten Jahren werden, so lehrt uns die Erfahrung, desto mehr werden Menschen sie wohl in ihren Alltag integrieren.

Gleichzeitig werden die Geräte zunehmend durchlässig. Erste Devices haben schon heute Displays an der Außenseite, die in Echtzeit die Augen und die Mimik der Personen unter dem Headset zeigen. Das erlaubt die Kommunikation aus dem virtuellen Raum heraus mit anderen Menschen, die selbst keine VR-Headsets tragen. Zusätzlich integrieren sie dank Sensoren und KI-basierter Bildverarbeitung ihre analoge Umgebung zunehmend in den virtuellen Raum. In den nächsten Jahren wird so für User die Grenze zwischen Online- und Offline-Welt immer mehr verschwimmen. Immer mehr werden sie das Gefühl bekommen, Teil einer Art Zwischenwelt zu sein. Diese bezeichnet die Industrie als *mixed reality* (gemischte Realität).

Und das, so meine These, ist erst der Anfang. Mehr und mehr, so bin ich überzeugt, werden sich immersive Technologien auch an unsere Gedankenwelt und unseren Gemütszustand anpassen. Dafür wird eine weitere Konvergenz entscheidend sein: die Verschmelzung der VR-Headsets und -Brillen mit einer anderen Technologie, mit der es bisher nur wenig Überlappung gab. Dabei handelt es sich um unauffällige Hardware, die in den letzten Jahren schon schrittweise Teil unseres Alltags geworden ist; dezente Geräte, die wir als weitere Vorboten von *Mind-Reading AI* verstehen sollten – und die viele heute schon mit sich herumtragen, ohne sich dessen vollkommen bewusst zu sein.

Mind Reader am Handgelenk: Fitness Wearables und Stimmungsanalysen

- *Berlin, Deutschland*

Wir neigen dazu, uns technologische Umwälzungen als großen Knall vorzustellen: als abrupte Disruption, nach der nichts mehr so ist wie zuvor.

Aber die Realität sieht meist anders aus: Als Apple-Chef Steve Jobs an einem Dienstag im Januar 2007 der Öffentlichkeit das erste iPhone vorstellte, markierte das im Rückblick zwar den wohl wichtigsten Schritt von der ersten zur zweiten Internetgeneration. Aber die allermeisten Menschen hatten am Mittwochmorgen danach immer noch kein internetfähiges Telefon. In der Anfangszeit leisteten sich vor allem Technik-Fans mit den entsprechenden finanziellen Möglichkeiten ein Smartphone. Erst nach und nach, als immer mehr Programme entwickelt wurden und Menschen die Geräte im Alltag sahen, verbreiteten sie sich. So dauerte es bis ins Jahr 2013, bis die weltweiten Verkäufe internetfähiger Telefone laut Beratungsfirma Gartner erstmals die von Geräten ohne Netzzugang übertrafen.

Der Wandel, den disruptive Innovationen auslösen, vollzieht sich nicht selten wie eine Exponentialkurve: Zunächst wächst sie langsam. Mit der Zeit wird die Kurve immer steiler, bis sie schließlich rasant in die Höhe schießt. Um die langfristigen Auswirkungen von Technologien auf eine Gesellschaft abzuschätzen, sollte man daher Augen und Ohren offenhalten für frühe Anzeichen solcher Prozesse, während die Kurve noch flach ist.

Und so war es eine beiläufige Bemerkung meiner Schwester, die mich hellhörig machte. Es war Herbst 2022, ein paar Wochen, bevor ich nach London reisen würde. Die Bäume in dem Berliner Park, durch den wir spazierten, färbten sich langsam gelb. Ich erzählte von meinen Recherchen, von den noch frischen Eindrücken aus Indien und von einem Geisterdorf in Patagonien, von dem ich durch viele Zufälle erfahren hatte und das mich seitdem nicht mehr losließ. Mitten in unserem Gespräch fragte mich meine Schwester dann, welches *Fitness Wearable* ich benutze.

In den 2010er Jahren hatten Menschen begonnen, die Geräte zu tragen, meist am Handgelenk. Es sind winzige Computer, die mit verschiedenen Sensoren ausgestattet sind, von Mikrofonen und Kameras hin zu Wärmemessern. Mit diesen zeichnen sie verschiedene Körperfunktionen auf. Im Laufe der letzten Jahre wurden die Geräte außerdem zunehmend mit dem Internet verbunden und mit KI angereichert.

Parallel dazu haben sie sich rasant verbreitet. Es ist eine positive Entwicklung. Nicht nur können sie Menschen helfen, gesünder zu leben.[2] Ihre Daten bieten auch völlig neue Ressourcen für Forschende: Mit *Big Data*-Methoden können sie diese zum Beispiel nach Hinweisen durchsuchen, welche Bevölkerungsgruppen wo überdurchschnittlich oft unter bestimmten Krankheiten leiden und analysieren, welche Umweltfaktoren dafür verantwortlich sein könnten.

Zu dem Zeitpunkt, als ich mit meiner Schwester durch den Park spazierte, trug ich selbst jedoch noch kein *Wearable*. Meine Antwort überraschte sie. In der Berliner Start-up-Welt, in der sie arbeitete, würde mich das zur Ausnahme machen, sagte sie lachend. Sie selbst trage ihr eigenes Gerät, ein minimalistisches schwarzes Armband ohne sichtbares Display, mittlerweile quasi ununterbrochen. Durchgehend maß das Gerät ihre Herz- und Atemfrequenz, Schlafdauer, Hauttemperatur und Sauerstoffsättigung im Blut. Gleichzeitig durchsuchte eine Software die Daten nach Mustern und gab ihr Tipps, wie sie ihren Lebensstil gesünder gestalten könnte. Immer wieder erstaune sie, wie viel das Gerät über sie verstünde, sagte meine Schwester. Fast fühlte es sich an, als wäre es ein Teil ihres Körpers geworden. Ein Leben ohne das *Wearable* könnte sie sich immer weniger vorstellen.

Ich wurde hellhörig. Zu dem Zeitpunkt hatte ich schon Jahre für dieses Buch recherchiert und war immer tiefer in die Welt von *Mind-Reading AI* eingetaucht. Scheinbar profane Alltagstechnologien wie *Wearables* hatte ich dabei weitestgehend ignoriert. Das, so sollte mir klar werden, war ein Fehler gewesen. Denn als ich mich tiefer in die Technologie einarbeitete, erkannte ich nicht nur, wie sehr die Geräte schon heute unsere Körperfunktionen auf Anzeichen für Stress, Angst oder Entspannung analysieren. Mir wurde auch bewusst: Das ist erst der Anfang.

Die ‹letzte Bastion› der Datenökonomie: Brain Wearables

Mittlerweile misst eine neue Generation von *Wearables* auch vermehrt direkt unsere Gehirnaktivität. Das ist möglich, weil die dafür notwendige EEG-Technik immer kleiner und alltagstauglicher geworden ist: Um elektrische Aktivität im Gehirn zu messen, mussten bis vor wenigen Jahren noch viele Elektroden mit Gel am Schädel angebracht werden. Für eine abgespeckte Version genügen heute wenige trockene Sensoren, die relativ unauffällig auf der Stirn, seitlich am Schädel oder im Ohr angelegt werden.

Erste Geräte mit ähnlicher Technik sind schon auf dem Markt aufgetaucht: So messen die Hightech-Stirnbänder des kanadischen Start-ups Muse laut Website Gehirnaktivität, um zu erkennen, wann man «aktiv und abgelenkt, neutral und ruhig oder entspannt und tief konzentriert ist».[3] Die In-Ear-Kopfhörer des Start-ups NextSense, entstanden im Dunstkreis der Innovationsschmiede von Googles Mutterkonzern Alphabet, analysieren den Schlaf von Menschen anhand ihrer Hirnströme. Auch *Big Tech* selbst investiert in die Entwicklung: Apple beispielsweise hat ein Patent angemeldet, um seine AirPods-Kopfhörer mit Elektroden aufzurüsten.

Noch geben solche *Brain Wearables* keine Auskunft über konkrete Gedanken, sondern nur über Stimmungen. Aber sie markieren einen Wendepunkt: den Moment, an dem die Kommerzialisierung unserer Gehirnaktivität begonnen hat. Und sie könnten die zweite Brückentechnologie sein, die den alltäglichen Gebrauch von *Mind-Reading AI* zunehmend normalisiert.

Auch mit diesen *Brain Wearables* kann man viel Gutes tun: Die Geräte könnten Hinweise auf erste Anzeichen von Alzheimer geben und es Menschen in seelischer Not ermöglichen, frühzeitig Hilfe zu suchen. Gleichzeitig hat die Vergangenheit aber auch gezeigt: Wo Daten anfallen, die Rückschlüsse auf unsere Wünsche und Vorlieben zulassen, werden Firmen versuchen, diese zu vermarkten.

Erinnern wir uns an die Wirtschaftswissenschaftlerin Shoshana Zuboff und ihre Theorie des «Überwachungskapitalismus» aus den 2010er Jahren: Technologiefirmen, so schrieb Zuboff, durchforsten unsere Daten, um zu verstehen, wann wir für welche Botschaft empfänglich sind, und uns im richtigen Moment das passende Angebot zu zeigen. Dazu analysieren Internetfirmen bis heute vor allem unser Klickverhalten: welchen Links wir folgen oder wie lange wir uns mit bestimmten Inhalten beschäftigen.

Diese Daten erscheinen geradezu rudimentär im Vergleich zu den Informationen, die *Fitness Wearables* schon heute über uns aufzeichnen: Unsere körperlichen Reaktionen, und sei es nur ein Anstieg des Pulses, können viel deutlichere Hinweise darauf geben, ob wir eine Person attraktiv finden, einer Meinung zustimmen oder mit wieviel Sympathie wir auf den Wahlwerbespot einer Partei reagieren. Gleichzeitig können wir diese körperlichen Reaktionen viel weniger kontrollieren als unser Klickverhalten im Internet.

Je mehr die Geräte direkt Hirnaktivität messen werden, desto genauer werden die Informationen sein, die sie sammeln. So könnten Unternehmen mit ihrer Datensammelwut in einen Bereich vordringen, den die Bioethikerin Nita Farahany als «letzte Bastion» der Datenökonomie bezeichnet: unser Gehirn. Dabei, so argumentiert sie in ihrem Buch *The Battle for Your Brain*, sollten wir *Wearables* als die zentralen Instrumente verstehen, mit denen sich Unternehmen Zugang zu diesen intimen Daten verschaffen wollen.[4]

Ihre Entwicklung steckt noch in den Kinderschuhen. Und doch zeichnet sich eine verblüffende Parallele zum Aufstieg der sozialen Netzwerke ab Mitte der 2000er Jahre ab. Wie die Plattformen damals kann man auch *Wearables* als trojanische Pferde verstehen: als Technologien, die neben ihrer offensichtlichen Aufgabe, unsere körperliche und mentale Gesundheit zu überwachen, gleichzeitig einen ungeborgenen Datenschatz für Unternehmen zugänglich machen. Dieser könnte ihnen erlauben, besser denn je zu verstehen, wann wir besonders empfänglich für Werbebotschaften sind.

Aber wie würden sie uns diese Botschaften zeigen? *Wearables* haben in der Regel kein Display. Hier kommen wir nun zu immersiven Technologien zurück: Denn was wäre, wenn Werbebotschaften nahtlos in das Erleben unserer Welt eingebettet werden könnten? Wenn wir ihnen begegnen würden in einer gemischten Realität, in der Online-Elemente mit ihrer analogen Umgebung verschmelzen – einer neuen Form des Internets, dessen Vorläufer manche heute als *Metaverse* bezeichnen? Diese Gedanken gingen mir durch den Kopf, als ich mich kurz nach dem Spaziergang mit meiner Schwester auf den Weg zu Nina Jane Patel machte.

Der Blick in den Abgrund: «Embodiment» und ein Mensch-Maschine-Kreislauf

• *London, Großbritannien / Metaverse*

Irgendwann, als die Belästigungen kein Ende nahmen, erstarrte Patel. «Ich ließ es einfach über mich ergehen», erinnerte sie sich. Erst einige Zeit später, die ihr wie Minuten vorkam, gelang es ihr, sich zu befreien und sich das Headset vom Kopf zu reißen. Noch während sie das Gerät in der Hand hielt, konnte sie die Stimmen ihrer Peiniger hören.

Im Nachhinein fand die Therapeutin eine Erklärung für ihr Verhalten. «Technologie entwickelt sich weiter, aber wir Menschen und unsere körperlichen Reaktionen auf traumatische Ereignisse bleiben die gleichen», sagte sie: «Wir reagieren entweder mit Kampf, Flucht oder Erstarren. Und ich bin erstarrt.» Obwohl sie wusste, dass sie sich in einer virtuellen Realität befand, hatten die Belästigungen sich «sehr bedrohlich und sehr real» angefühlt: «Es war, als ob ich diese Menschen in mein Wohnzimmer gelassen hätte.»

Mit dem englischen Begriff «*Embodiment*» (Verkörperung) beschreibt die Psychologie dieses Phänomen: Je mehr und je intensiver immersive Technologien unsere Sinne ansprechen, umso mehr bekommen wir Menschen das Gefühl, Teil einer virtuellen Welt und eins mit unseren Avataren zu werden. Es ist eine Erfahrung, die anders als das ist, was wir von digitalen Interaktionen via Bildschirm kennen. Auf eine neue Art werden wir Teil der Technologie und die Technologie Teil von uns. Was in virtueller *Realität* passiert, ist in unserer Wahrnehmung genau das: real.

Deshalb löst Stress dort körperliche Reaktionen aus, die solchen in der analogen Welt entsprechen.[5] Und deshalb fühlten sich Patels Erfahrungen so traumatisch an. Sie sind ein Extremfall. Aber sie sollten als Warnung dienen, wie verletzlich wir in diesen neuen, immersiven Online-Welten sind. Und sie illustrieren, wie empfänglich wir für Botschaften sind, die uns dort gezeigt werden. Beides gilt insbesondere für Kinder und Jugendliche.

Als ich am Tag darauf am Flughafen in London saß und auf meinen verspäteten Flieger wartete, sah ich überall um mich herum Menschen mit *Smartwatches* oder anderen *Wearables*. Jedes ihrer Geräte, so ging es mir durch den Kopf, maß gerade verschiedene ihrer Körperfunktionen und sammelte dabei immer mehr Informationen über sie. Was wäre, wenn solche *Wearables* nun mit immersiven Technologien konvergierten? Wenn VR-Headsets ähnliche Sensoren hätten und so in Echtzeit Rückschlüsse ziehen würden auf die Gedanken der Menschen, die sie trugen?

Das Modell, das Patel getragen hatte, konnte das nicht. Aber es schien nicht zu aufwendig, es entsprechend aufzurüsten. Diese Vermutung bestätigte sich im Sommer 2023, als Forschende Elektroden in ebenjenes «Quest 2»-Modell einbauten und damit erfolgreich Gehirnströme aufzeichneten.[6] Auch außerhalb von Universitäten arbeiten Firmen längst an VR-Headsets mit EEG-Funktion. Die Tech-Firmen OpenBCI aus den USA und Varjo aus Finnland entwickeln zum Beispiel gemeinsam ein Gerät, das «die Brücke zwischen *mixed reality* und Neurotechnologie»[7] schlagen soll.

Darüber hinaus ist schon heute Software auf dem Markt, mit der man VR-Headsets mit separaten *Wearables* koppeln kann: Um die

Meditations-Software des US-Start-ups Healium zu verwenden, tragen User die VR-Headsets von Meta oder der chinesischen Firma Pico und gleichzeitig ein EEG-Stirnband des chinesischen Unternehmens Macrotellect. Ersteres versetzt sie in eine virtuelle Realität, letzteres liest ihre Hirnströme aus. Healiums Software wertet derweil dieses «Bio- und Neurofeedback» aus und passt die virtuelle Umgebung stetig an.

Dabei geschieht Entscheidendes: Denn sobald immersive Technologien und *Wearables* auf diese Weise kombiniert werden, entsteht etwas, was in der Forschung als *closed loop* bezeichnet wird: ein geschlossener Kreislauf, in dem unsere Gedanken beeinflussen, wie die virtuelle Welt um uns aussieht ... was wiederum unsere Gedanken beeinflusst ... was wiederum die virtuelle Welt beeinflusst... was wiederum unsere Gedanken beeinflusst ...

Welche positiven oder negativen, kurz- oder langfristigen Auswirkungen das auf unser Denken haben könnte? Wir wissen es noch nicht.

Gedanken-Interface:
Computer mit Geisteskraft steuern

Klar wird dagegen schon heute, wie sehr «neuroadaptive» Technologien, die unsere mentalen Zustände erkennen und sich daran anpassen, die Art und Weise verändern werden, wie wir mit Computern interagieren: In den nächsten Jahrzehnten, da bin ich mir sicher, werden wir Computern immer weniger bewusst Anweisungen geben. Stattdessen werden sie sich zunehmend selbst erschließen, was wir gerade von ihnen wollen, und das in die Tat umsetzen. Immer mehr werden wir Computer so direkt mit unseren Gedanken steuern.

Betrachtet man die Technikgeschichte, ist das der konsequente nächste Schritt: Seit der Erfindung des modernen Computers haben Entwickler:innen und Designer:innen daran gearbeitet, dessen Benutzung immer intuitiver zu machen. So entstand Zubehör, das heute selbstverständlich wirkt, von Tastaturen hin zu Computermäusen und Touchpads. Als jüngstes Beispiel erlauben uns Smart Speaker dank KI-Spracherkennung mittlerweile, mit Computern in «Menschensprache» zu kommunizieren.

Noch reibungsloser wäre der Umgang, wenn wir Befehle nicht mehr aussprechen, sondern diese nur noch denken müssten. Die effizienteste Form der Mensch-Computer-Interaktion schließlich entstünde, wenn selbst das nicht mehr nötig wäre: Wenn Computer selbst erkennen, was wir von ihnen wollen, indem sie unsere Gedanken analysieren. Es wäre das ultimative Anwendungsfeld der *Mind-Reading AI*: ein neuronales Interface, mit dessen Hilfe Computer unsere Wünsche erkennen, ohne dass wir ihnen explizit Anweisungen geben. Noch ist das Zukunftsmusik. Aber immersive Technologien, *Wearables* sowie die Grundlagenforschung an Gehirn-Dekodiermaschinen sind frühe Indikatoren, dass die Entwicklung in diese Richtung geht.

Schon heute beschreibt das amerikanische Start-up Synchron seine Vision auf seiner Website als eine Welt, in der Menschen rein durch Gedankenkraft Computer «alltägliche Aufgaben erledigen lassen wie das Vereinbaren eines Arzttermins, das Versenden einer SMS an einen Freund oder das Kaufen eines Geschenks»[8]. In Deutschland forscht das Cottbuser Start-up Zander Labs unter der Leitung von Thorsten Zander, einem Professor für Neuroadaptive Mensch-Technik-Interaktion an der Brandenburgischen Technischen Universität Cottbus-Senftenberg, an neuroadaptiver Technologie. Eine Pressemitteilung vom Dezember 2023, die nach dem Abschluss eines 30-Millionen-Euro-Vertrags mit der öffentlichen Agentur für Innovation in der Cybersicherheit veröffentlicht wurde, erklärt als Ziel «die Erforschung einer neuen Generation von

Maschinen, die sich in Echtzeit an die kognitiven und affektiven Zustände der User anpassen können»[9].

Je besser sich Computer unsere Wünsche und Absichten selbst erschließen können, desto einfacher und intuitiver wird die Interaktion mit ihnen werden. Dies kann helfen, Barrieren abzubauen, den Alltag von Menschen mit Behinderungen zu erleichtern und Menschen mit geringen oder keinen Vorkenntnissen den Zugang zu Technik zu ermöglichen.

Aber wenn wir Computern erlauben, unsere Gedanken und Gefühle zu verarbeiten, könnten wir dann nicht auch die Kontrolle darüber verlieren, was genau wir mit ihnen teilen und was sie mit diesen Informationen machen? Und könnten solche Verbindungen vielleicht irgendwann sogar genutzt werden, um unsere Gedanken nicht nur auszulesen, sondern sie auch zu lenken?

Je tiefer ich in die Welt neuroadaptiver Technologie vordrang, umso mehr solcher Fragen stellten sich. Vieles wirkte zunächst wie der Stoff von Verschwörungserzählungen, die in dubiosen Ecken des Internets kursierten. Aber das hatte ich in meinem Journalistenleben schon mal erlebt: Als ich im Februar 2018 ein Feature über vollautonome Waffensysteme veröffentlichte, die mithilfe von KI selbständig Entscheidungen trafen, klang auch das für viele wie Science-Fiction. Heute, ein gutes halbes Jahrzehnt später, sind solche «Killerroboter» laut Menschenrechtsorganisationen eine Realität auf Kriegsschauplätzen rund um die Welt.

Also beschloss ich, tiefer zu graben. Und ich landete in einer Welt, die wenig mit dem *Metaverse* und all den anderen Werbebegriffen der Tech-Branche zu tun hatte – und in der doch viele der theoretischen Grundlagen ihren Ursprung hatten, die zu wichtigen Durchbrüchen für *Mind-Reading AI* geführt haben. Es ist ein Feld, das unsere Gehirne und unsere Gedankenwelt schon so lange untersucht und so gut versteht, wie kaum ein anderes: die klinische Psychiatrie.

6
Gehirn-Computer-Schnittstellen
Vom Mind Reading zur Mind Control?

- *Berlin, Deutschland*

Der niederländische Philosoph zeigte mit ausladender Geste aufs Fenster. Alle Anwesenden sollten einmal nach draußen schauen. Es war später Freitagnachmittag. Ein Stockwerk tiefer war der Hotelvorplatz im Berliner Stadtteil Moabit fast menschenleer. Dahinter versank die Sonne über der Spree. «Wir halten hier dieses Treffen ab und draußen demonstriert niemand», sagte Pim Haselager, zog die Ärmel seines grünen Jacketts hoch und machte eine Kunstpause. «Glauben Sie, in zehn Jahren wird das noch so sein? Ich bin mir nicht so sicher. Ich weiß es wirklich nicht.»[1]

Haselager, ein mächtiger Mittsechziger mit rotem Lockenkopf und ergrautem Rauschebart, forschte an der niederländischen Radboud-Universität zu Fragen im Grenzbereich zwischen Philosophie, Psychologie und künstlicher Intelligenz. Sein Vortrag leitete das Ende einer zweitägigen Konferenz im Oktober 2023 ein. Bei der Fachtagung ging es um Neurotechnologie für den medizinischen Gebrauch: «Gehirn-Computer-Schnittstellen» – besser bekannt auf Englisch als *brain-computer interfaces,* oder kurz BCI – und die Frage, wie solche Verbindungen zwischen dem Gehirn und einem Computer genutzt werden können, um Erkrankungen zu diagnostizieren und zu behandeln.

Forschende aus verschiedenen Feldern waren angereist, von den neurowissenschaftlichen Disziplinen hin zur Rechtswissenschaft und den Ingenieurwissenschaften, daneben Führungskräfte aus der Industrie und eine Policy-Analystin der Organisation für wirtschaftliche Zusammenarbeit und Entwicklung (OECD). Immer wieder war der Niederländer während der zwei Tage als warnende *Kassandra* in Erscheinung getreten. Haselager hatte gewarnt, dass nach den Skandalen der letzten Jahrzehnte das Vertrauen der Menschen in die Tech-Industrie stark beschädigt sei; dass ein ähnliches Misstrauen auch gegenüber der KI-Welt entstanden sei; und dass dieses «schlechte Erbe» heute auf ihre BCI-Forschungsgemeinschaft abfärbe.

Nun, da er seine Redezeit nutzte, um ein Resümee der Konferenz zu ziehen, sprach er etwas aus, was wie ein Damoklesschwert über der Fachtagung gehangen hatte: «Wir als BCI-*Community* haben nicht mehr die Kontrolle über die Debatte rund um Neurotechnologie», sagte er. Die unausgesprochene Botschaft: Es ist an der Zeit, sich das einzugestehen.

Von meinem Stuhl in der sechsten Reihe sah ich es im Publikum zucken. Um mich saßen einige der führenden Köpfe im Feld; manche wirkten von der Direktheit des Niederländers überrascht, andere betreten, wieder andere ein bisschen empört.

Mich selbst hatte der Zufall auf die Tagung geführt. «Reporterglück» nennen wir Journalisten die Momente, in denen uns Recherchen unverhofft mitten ins Geschehen katapultieren. Als ich mich in die medizinische Verwendung von BCIs eingearbeitet hatte, hatte ich von einem Psychiatrie-Professor gehört, dem Mitte der 2010er Jahre gelungen war, was ein bisschen wie ein Wunder klang: Dank Gehirn-Computer-Schnittstellen hatten es Surjo Soekadar und sein Team geschafft, dass Menschen nur mittels einer Elektrodenkappe, einem Exoskelett – einer Prothese, die außerhalb des Körpers getragen wird – und der Kraft ihrer Gedanken ihre gelähmte Hand öffneten und schlossen. Per E-Mail hatte ich ihn gefragt, ob ich in seinem Labor am Berliner Universitätsklinikum Charité vorbeikommen könnte. An den vorgeschlagenen Terminen könne er nicht, antwortete mir Soekadar; dann finde eine Konferenz statt, die er gemeinsam mit einem internationalen Projekt organisiere. Wir könnten uns davor oder danach treffen. Oder ich könne dort selbst vorbeischauen.

So war ich in dem Hotelsaal an der Spree gelandet. Im Vorraum präsentierten Medizinprodukte-Firmen ihre Elektrodenkappen auf neonfarbenen Kopf-Attrappen. Auf dem Tagungsprogramm prangte die Illustration eines Gehirns, dessen linke Hälfte aussah wie unser Organ, die rechte wie ein Computerchip. Daneben stand der Titel der Konferenz: *Hybrid Minds*.

Was ich in den zwei Tagen hörte, fühlte sich an wie eine Zeitreise. Es war, als ob sich ein Fenster öffnete in das Jahrzehnt, das vor uns liegt: eine Zukunft, in der künstliche Intelligenz und Neurotechnologie zunehmend eine Symbiose eingehen. Diese Konvergenz könnte es der Medizin bald erlauben, Menschen von psychischen Leiden zu erlösen, die lange als kaum therapierbar galten. Gleichzeitig aber wird sie unsere Gedanken so transparent und anfällig für Manipulation machen wie nie zuvor.

«Neurotechnologie ist ein Kristallisationspunkt», sagte mir der Psychiater Soekadar, als wir ein paar Wochen nach der Konferenz erneut sprachen. Mit seiner besonnenen Art wirkte der Mittvierziger wie ein Gegenentwurf zum polternden Philosophen Haselager. Er schien bemüht, allzu alarmistische Warnungen zu vermeiden. Aber auch ihn beschäftigte merklich, wozu andere Akteure die Durchbrüche seines Feldes umfunktionieren könnten.

Dabei bestand, so war mir im Laufe der Tagung klar geworden, das größte Missbrauchspotenzial nicht bei den spektakulären Gedanken-gesteuerten Exoskeletten, die mich zu ihm geführt hatten. Das größte Risiko lag darin, dass Gehirn-Computer-Schnittstellen prinzipiell in beide Richtungen funktionieren: Die Geräte lesen nicht nur aus, was im Gehirn passiert. Sie können auch in unsere Gehirne «hineinschreiben», Prozesse in Gang setzen oder verändern und so unsere Gedankenwelt manipulieren. Und im Laufe dessen können sie unsere Gehirne nachhaltig verändern.

«Klar ist, dass die Neurotechnologie für Patienten eine segensreiche Möglichkeit ist, ihre Lebensbedingungen zu verbessern», sagte mir Soekadar. Aber, so fügte er ernster hinzu, wenn dieselbe Technologie auch bei gesunden Menschen angewendet würde, stellten sich ganz andere ethische Fragen. «Und natürlich müssen wir uns fragen, wo wollen wir damit hin?»

Gehirne unter Strom: Hirnstimulationen in der Medizin

Als Soekadar Mitte der 2000er seine Laufbahn als Arzt begann, schienen solche Diskussionen noch weit weg. Zwar hatte die Medizin enorme Fortschritte gemacht, was das Verständnis unseres Gehirns betraf: Angetrieben durch Förderinitiativen wie die von der US-Regierung in den 1990er Jahren ausgerufene «Dekade des Gehirns» hatten Forschende immer besser verstanden, was bei Erkrankungen des Gehirns passiert, und Methoden entwickelt, um Hirnaktivität gezielt zu beeinflussen. Dies hatte zu beachtlichen Durchbrüchen bei der Behandlung von Krankheiten wie Parkinson geführt. Im Jahr 2006 gelang es dann erstmals, dass ein junger Mann, der nach einer Messerattacke von den Schultern abwärts gelähmt war, einem Computer allein mit Gedankenkraft simple Anweisungen gab.

In all diesen Fällen musste jedoch zuvor in aufwendigen Operationen der Schädel geöffnet und Elektroden ins Hirn implantiert werden. Das war nicht nur teuer, sondern ging auch mit dem Risiko einher, dass andere Bereiche des Gehirns in Mitleidenschaft gezogen würden oder es zu Entzündungen kam. Und es stand, so war Soekadar schon als junger Assistenzarzt überzeugt, einem flächendeckenden Einsatz solcher Schnittstellen im Weg. Stattdessen bräuchte es non-invasive Geräte, die eine Verbindung zwischen Computer und Gehirn herstellten, ohne dass dafür OPs nötig wären.

Während er in den folgenden Jahren die akademische Karriereleiter hochkletterte, konzentrierte er sich auf die Entwicklung solcher Schnittstellen und erzielte Mitte der 2010er Jahre die Erfolge mit Exoskeletten.[2] Videos der Studien von damals zeigen, wie die Versuchspersonen nach ihrem Smartphone greifen oder Chips essen – und das selbst kaum glauben können. Bis heute berichten Medien über die Experimente. Bis heute staunt das Publikum, wenn Soekadar in Vorträgen die Videos zeigt. Und bis heute geht die Entwicklung dieser Exoskelette weiter.

Gleichzeitig begann Soekadar im Laufe der 2010er Jahre, sich verstärkt einer zweiten Frage zuzuwenden, die bisher weniger Schlagzeilen gemacht hat, aber noch näher an seiner klinischen Arbeit als Psychiater war: Die Frage, wie man mithilfe solcher non-invasiver BCIs auch seelisches Leid lindern könnte.

Die Idee, mit Neurotechnologie auch psychische Erkrankungen zu behandeln, war nicht neu. Schon seit Mitte des 20. Jahrhunderts setzten Behandelnde im Rahmen der «Elektrokrampftherapie» Patient:innen unter Narkose, stimulierten ihre Gehirne mit Strom und lösten dabei Krampfanfälle aus, um schwere Formen der Depression oder Schizophrenie zu behandeln.[3] Allerdings taten sie das lange, ohne wirklich zu wissen, was genau dabei passierte.

Dank der Fortschritte in bildgebenden Verfahren verstand die Medizin ab den 1990ern dann immer besser, was bei psychischen Erkrankungen im Gehirn geschieht. So erkannte man zum Beispiel, dass Depressionen oft mit einer veränderten Aktivität in den vorderen Hirnregionen einhergehen. Nun wollte man dieses neue Wissen in der Klinik einsetzen. So kam eine Idee auf: Wenn man diese Bereiche von außen stimulierte, müsste man dabei die gestörte Aktivität im Hirn nicht wieder «in eine gesündere Richtung» lenken und Symptome lindern oder gar vollkommen zum Abklingen bringen können?

In verschiedenen Studien testeten Forschende das Konzept. Schnell wurde klar: Es funktionierte. Zunehmend schafften Behandelnde es unter anderem, Symptome von Depressionen abzuschwächen. Ende der 2000er Jahre wurde das erste non-invasive Stimulationsverfahren zur Behandlung zugelassen; weitere folgten. Zunehmend zeichnete sich ab, dass ähnliche Methoden immer wichtiger werden würden für die Psychiatrie, die im 20. Jahrhundert insgesamt weniger Durchbrüche zu verzeichnen hatte als andere medizinische Disziplinen.

Vor diesem Hintergrund beschloss Soekadar, als er 2018 zu Deutschlands erstem Professor für klinische Neurotechnologie berufen wurde, sich in seiner Arbeit an der Berliner Charité neben den Exoskeletten auf die Behandlung psychischer Erkrankungen mittels non-invasiver Hirn-Computer-Schnittstellen zu konzentrieren. Seit dem Jahr 2021 konnte im Rahmen solcher «Neuromodulation» in dem Zentrum, das er leitet, hunderten Menschen geholfen werden. «Wir sehen, dass Patienten, die monatelang depressiv sind – die nicht mehr aus dem Bett kommen, nichts mehr machen wollen, sich eigentlich nur noch umbringen wollen –, dass solchen Menschen innerhalb weniger Tage geholfen werden kann, wenn man das richtige Areal häufig genug stimuliert», sagte er mir.

Und doch steht die Behandlung psychischer Störungen mit den Methoden noch am Anfang: Noch ist sie einem kleinen Bruchteil betroffener Menschen vorbehalten. Noch müssen die Behandlungen von Fachpersonal mit teuren und riesigen Apparaturen durchgeführt werden. Und noch stimulieren die Behandelnden nicht ganz bestimmte Stellen im Gehirn, sondern relativ große Areale, und zwar verhältnismäßig stark. Dabei geht es, vereinfacht gesprochen, vor allem darum, gestörte Muster «aufzurütteln» und das Gehirn «formbarer» zu machen.

Aber was, wenn man mit den Schnittstellen das Gehirn noch zielgerichteter stimulieren könnte und das im exakt richtigen Moment? Und was, wenn diese Behandlungen gar außerhalb des Krankenhauses durchgeführt werden könnten? Wenn Menschen mit Depressionen oder Angststörungen ein Gerät mit sich tragen könnten, das in Aktion tritt, sobald sich ein neuer Schub anbahnt, und diesen abwehrt?

Sarahs neues Leben: Bidirektionale Gehirn-Computer-Schnittstellen

Einen ersten Eindruck davon, wie eine solche Zukunft aussehen könnte, vermittelt eine Studie mit einer invasiven Schnittstelle, die bei ihrer Veröffentlichung 2021 in der Fachwelt für Aufsehen sorgte.[4] Seit Jahren litt Sarah, eine US-Amerikanerin Mitte dreißig, unter schweren Depressionen. Einfachste Aufgaben waren zur Qual geworden. Mehrfach am Tag dachte sie an Suizid. Alle gängigen Therapieansätze waren gescheitert und Sarahs Hoffnung schwand, die Erkrankung irgendwann wieder in den Griff zu bekommen. So stimmte sie zu, an einer Studie teilzunehmen: In einer aufwendigen Methode, die für schwere Formen der Epilepsie zugelassen war, implantierte ein Team rund um die Psychiaterin Katherine Scangos zunächst Elektroden in zehn Bereiche ihres Gehirns. Diese zeichneten auf, was dort vor sich ging. Dabei registrierten die Forschenden Aktivität in der Amygdala, dem Angstzentrum des Gehirns, bevor sich ihre Depressionsschübe anbahnten. Gleichzeitig erkannten sie, dass die Symptome nachließen, sobald eine andere Region des Gehirns, das ventrale Striatum im Großhirn, aktiv war.

In einer zweiten OP implantierten sie anschließend ein Gerät in Sarahs Schädel. Dieses überwachte von nun an durchweg, was in ihrem Gehirn passierte. Wann immer es Aktivität in der Amygdala verzeichnete, die auf einen Schub hindeutete, sendete es Impulse an das ventrale Striatum. Die Schnittstelle agierte also bidirektional, in beide Richtungen: Sie beobachtete, was im Gehirn vor sich ging, und stimulierte entsprechend in sein Inneres hinein.

Es war ein Experiment – und es funktionierte. Von dem Moment an, als das Gerät zum ersten Mal eingeschaltet wurde, habe sich ihr Leben zum Besseren gewendet, sagte Sarah später. Innerhalb weniger Wochen verschwanden ihre Selbstmordgedanken. Ein Jahr später führte sie, was vor der Operation undenkbar gewesen wäre: ein normales Leben.

Was bei Sarah funktionierte, muss nicht immer funktionieren. Unsere Gehirne sind so unterschiedlich wie unsere Gesichter. Aber genau das scheint auch ein Erfolgsgeheimnis der Behandlung zu sein: Dass sie individuell auf Sarahs Gehirn abgestimmt war und in Echtzeit darauf reagierte, was dort passierte.

Solche personalisierten Therapien mit Schnittstellen, die das Gehirn sowohl auslesen als auch stimulieren, werden künftig eine zentrale Säule in der Behandlung schwerer psychiatrischer Erkrankungen sein, sind Forschende wie Soekadar überzeugt. Allein in Deutschland könnte auf diese Weise zehntausenden Menschen geholfen werden – «die genaue Zahl kennen wir nicht».

Gleichzeitig gilt immer noch, was Soekadar schon als junger Assistenzarzt Mitte der 2000er Jahre dachte: Invasive Methoden wie bei Sarah, die aufwendige und riskante Operationen erfordern, sind keine flächendeckende Lösung. Dafür bräuchte es alltagstaugliche und bezahlbare Geräte. Und hinter den Kulissen wird rund um die Welt daran gearbeitet, diese Wirklichkeit werden zu lassen.

Die Gedanken-Plattform: Massentaugliche bidirektionale Schnittstellen

Hoffentlich sehe er nicht allzu verschlafen aus, sagte Sumner Norman, lächelte und wirkte fast ein wenig schüchtern. Im Silicon Valley, von wo er sich per Videoschalte zur Konferenz zuschaltete, sei es noch früher Morgen. Man merkte ihm nicht an, dass er gerade ein Start-up mitgegründet hatte, dessen ehrgeiziges Ziel es war, «das erste implantierbare Gerät zu bauen, das das gesamte Gehirn auslesen kann und in das gesamte Gehirn schreiben kann, und zwar, ohne es jemals zu berühren».

Norman hatte an der Schnittstelle von Maschinenbau, Physik und Neurowissenschaft promoviert, bevor er als Postdoc ans *California Institute for Technology* kam. Dort hatte er eine neue Methode weiterentwickelt, um Gehirnaktivität mittels einer speziellen Art von Ultraschall zu messen.[5] Diese lese Gehirnaktivität nicht nur um ein Vielfaches genauer aus als heutige Methoden, sagte er dem Konferenzpublikum. Gleichzeitig bezeichnete Sumner sie, in Abgrenzung von BCIs wie denen von Elon Musks Firma Neuralink, als «minimalinvasiv»: Zwar müsse für das Gerät ein «Fenster» in den Schädel gebohrt werden. Allerdings sei keine direkte Verbindung zum Gehirn mehr nötig. Das unterscheide es von Neuralinks Schnittstellen, die zwar auch im Schädel sitzen, aber über dünne Drähte mit dem Gehirn verbunden sind.

Basierend auf dieser Ultraschall-Methode wolle er nun mit seiner neuen gemeinnützigen Firma Forest Neurotech ein bidirektionales BCI-Gerät entwickeln. Gerade hatte das Start-up dafür eine Multimillionen-Partnerschaft mit der Medizingeräte-Firma Butterfly Network eingetütet. Finanziell unterstützt wurde es unter anderem von Ex-Google-Chef Eric Schmidt. Als Berater waren laut Website Mitarbeiter von OpenAI und Google beteiligt.[6] Ihr Ziel sei, so Norman, mit ihrer Schnittstelle verschiedene psychiatrische und kognitive Erkrankungen behandeln zu können, bei denen andere Therapiemethoden bisher versagen. Er listete ein halbes Dutzend führender medizinischer Forschungseinrichtungen auf. Mit ihnen sei seine Firma in Kontakt. Erste Studien würden bald beginnen.

Im Raum in Berlin war es still. Wie gebannt folgten die Anwesenden der Präsentation, die der charismatische Mittdreißiger vor einem Foto der Golden Gate Bridge präsentierte. Dann sagte er etwas, was mir danach noch lange durch den Kopf ging: Seiner Firma gehe es darum, «eine Plattform für Therapeutika als Software» zu entwickeln.

Ich brauchte einen Moment, bis ich verstand. So wie wir heute verschiedene Apps auf unseren Smartphones oder verschiedene Programme auf unseren Laptops haben, so sollte das BCI-Gerät irgendwann verschiedene Programme abspielen und verschiedene Symptome behandeln können. Seine Firma wollte, in meinen Worten, so etwas wie das iPhone für das Gehirn bauen: eine Hardware, für die andere Firmen und Forschende anschließend neue Software entwickeln können. Normans Vision war eine Art Gedanken-Plattform, über die man verschiedenste kognitive Funktionen beobachten und beeinflussen konnte, um so unter anderem Erkrankungen von Depressionen bis hin zu Zwangsstörungen zu diagnostizieren und zu behandeln. Sollte das Konzept aufgehen, könnte es BCI-Technologie zur Behandlung psychiatrischer und neurologischer Störungen massentauglich machen und weiter in den Mainstream bringen als jemals zuvor.

Und dann?, schoss es mir durch den Kopf. Wie könnte es weitergehen? Was wäre mit Stimmungsschwankungen im nicht-klinischen Bereich: den Momenten der Angst oder des Grübelns, die auch Menschen ohne psychische Erkrankungen kennen? Könnten auch sie sich mit ähnlichen Geräten irgendwann Erleichterung davon verschaffen?

Als ob er meine Gedanken gelesen hätte – und in unserem Kontext sei gesagt: das hatte er nicht –, öffnete Sumner Norman eine Liste. Sie zeigte ein gutes halbes Dutzend solcher Anwendungsfälle, wie bidirektionale Neurotechnologie zukünftig generell auch bei gesunden Menschen eingesetzt werden könnte: Diese reichten von «verbesserter Gedächtnisleistung» zu *motivation on demand* (Motivation auf Knopfdruck) bis hin zu «Jetlag heilen», «beschleunigtem Lernen» und *tunable mood* (verstellbare Stimmung). Die Beispiele gingen weit über das hinaus, an was ich gedacht hatte: Es ging nicht nur darum, schlechte Gefühle zu beheben. Es ging auch darum, unsere geistigen Fähigkeiten zu erweitern.

Im BCI-Kontext hat sich für solche nicht-therapeutischen Anwendungen der englische Begriff *Enhancement* durchgesetzt. Das Interesse der Industrie ist groß. So werden die Schnittstellen von Musks Neuralink laut Homepage zwar heute dafür eingesetzt, «Menschen mit unerfüllten medizinischen Bedürfnissen ihre Selbstständigkeit zurückzugeben»; Anfang 2024 gab die Firma bekannt, einem gelähmten 29-jährigen Amerikaner erfolgreich ihr Gerät implantiert zu haben. Die Vision für die Zukunft bestehe aber auch darin, mit der Technologie «menschliches Potenzial freizusetzen»[7], wie es auf der Website heißt. Der Multimilliardär Musk selbst fasste dies 2021 in einem Tweet auf der Plattform X, damals noch Twitter, als «Mensch-KI-Symbiose»[8] zusammen.

Auch Sumners Präsentation in Berlin war ein Indiz dafür, wohin die Industrie strebte. Ich war hin- und hergerissen. Natürlich begeisterte mich die Aussicht, dass BCI-Technologie wie seine bald Menschen von psychischen Leiden befreien könnte, bei denen andere Therapiemethoden oft nur wenig oder gar keine Wirkung zeigten. Und mich reizte auch die Vorstellung, mir vielleicht irgendwann Motivation oder gute Laune auf Knopfdruck verschaffen zu können. Aber gleichzeitig überkam mich das mulmige Gefühl, dass wir damit eine Grenze überschreiten. Als ich mich später beim Kaffee mit ein paar der anwesenden Forschenden unterhielt, merkte ich, dass es vielen von ihnen ähnlich ging. Und ich merkte, dass auch sie sich die Frage stellten: Was wird das mit uns machen?

Die Leiden der Patientin R: Eins mit Neurotechnologie

Der Fall der Australierin Rita Leggett, die in der wissenschaftlichen Literatur als «Patientin R» bekannt ist, liefert dafür erste Hinweise. Seit ihrem dritten Lebensjahr litt die Frau unter epileptischen Anfällen. Konventionelle Therapieansätze halfen nicht. So entschloss sie sich Anfang der 2010er Jahre mit Ende vierzig, an einer experimentellen Studie teilzunehmen. In einer Operation wurde ihr ein Gerät der Firma NeuroVista mit sechzehn Elektroden ins Gehirn eingesetzt. Es zeichnete Aktivität auf, analysierte diese auf Muster und prognostizierte, wann sich epileptische Anfälle anbahnten. Immer, wenn das Gerät anschlug, nahm Leggett prophylaktisch Medikamente, um sie abzuwehren. Die Methode wirkte: Hatte sie zuvor noch durchschnittlich drei Anfälle pro Monat durchstehen müssen, konnte sie diese ab dann komplett verhindern.

Rund drei Jahre später jedoch näherte sich die Batterie des Geräts ihrem Ende zu. Gleichzeitig geriet NeuroVista in finanzielle Schwierigkeiten. Das Implantat, so machten die behandelnden Ärzte Leggett deutlich, musste wieder entfernt werden, wie von

Anfang an geplant. «Doch die Patientin sträubte sich dagegen, das BCI zu verlieren – es war Teil ihres Alltags und ihrer Identität geworden», sagte der Ethiker Frederic Gilbert, der für die Tagung aus Australien angereist war. Dort forschte er an der Universität von Tasmanien zu Mensch-Computer-Interaktionen und Fragen der Autonomie. Leggetts Bitten, das Gerät behalten zu können, halfen nichts: Es wurde explantiert und die Frau stürzte in eine tiefe Identitätskrise, so Gilbert. Über den Zeitraum von sechs Jahren hatte er sich mehrfach mit ihr getroffen. Die Auswertung seiner Interviews, die er 2023 veröffentlichte, dokumentieren, wie «Patientin R» eine symbiotische Verbindung mit ihrem Implantat eingegangen war und dabei eine Art existentielle Abhängigkeit entwickelt hatte.[9] Noch Jahre nach der Explantation sagte die Frau, sie hätte alles getan, um es behalten zu können. Das Gerät sei ein Teil von ihr geworden und ihr anschließend wieder entrissen worden.

Leggetts Erfahrung lässt sich nicht verallgemeinern. Eine andere Studienteilnehmerin sagte einer Journalistin vom amerikanischen Magazin *The New Yorker*, dass sie das Implantat schlichtweg gehasst hatte. Sie hatte das Gefühl nicht ausstehen können, «als ob irgendjemand in ihrem Kopf wäre»[10], und war nur froh gewesen, als das Experiment sein Ende fand.

Doch die Leidensgeschichte der Patientin R, so fassen Gilbert und seine Co-Autoren zusammen, liefert «Belege dafür, wie die Erfahrung mit einem BCI ... das Selbstverständnis und die Selbstwahrnehmung radikal beeinflussen kann». Es macht etwas mit uns und unserer Autonomie, wenn Technologie Einblicke in unser Gehirn hat. Was genau und in welchem Ausmaß, beginnen wir erst zu verstehen.

Abhängig in Millisekunden?
Das Suchtpotenzial von Neurotechnologie

Die Stimmung im Saal änderte sich, als Niels Birbaumer vor das Konferenzpublikum trat. Der österreichische Psychologe und Neurowissenschaftler gilt als Pionier der klinischen Arbeit mit *brain-computer interfaces*. Seit den 1990er Jahren machte er immer wieder Schlagzeilen mit aufsehenerregenden Studien, in denen er durch BCI mit Menschen kommunizierte, die am sogenannten Locked-in-Syndrom leiden: Menschen, die vollständig gelähmt sind und nicht einmal ihre Augen bewegen können.

In Berlin nahm der mittlerweile fast achtzigjährige Wissenschaftler kein Blatt vor den Mund. Es sei «offensichtlich, dass Gehirn-Computer-Schnittstellen lebensrettende Geräte» seien – im klinischen Kontext. Aber «die Idee, diese Technologie bei gesunden Menschen einzusetzen, ist nicht nur falsch: Das sollte schlichtweg verboten sein.» «Wir werden in Millisekunden davon abhängig werden», fuhr er fort: «So funktioniert Abhängigkeit.»

Erinnern wir uns in Kürze, was wir im ersten Kapitel über Sucht gesagt haben: Wir werden abhängig von Substanzen oder Verhalten, weil sich diese gut anfühlen, unser Gehirn sie als Belohnung abspeichert und mehr will. Kommen wir diesem Verlangen mehrfach nach, verändert sich unser Gehirn. Das «Haben-Wollen» geht über in ein «Haben-Müssen» und wir können nicht mehr ohne. Vor diesem Hintergrund habe eine Technologie, die auf Knopfdruck Glücksgefühle oder Motivation erzeugen kann, ein enormes Suchtpotenzial, warnte Birbaumer in Berlin.

Auch die Psychiaterin und Suchtmedizinerin Anna Lembke von der Stanford Universität zeigte sich besorgt, als ich ihr Monate später die Ergebnisse meiner Recherchen schilderte. In ihrer Arbeit mit suchtkranken Menschen merke sie immer wieder, «dass Kontrolle der Kern ihrer Krankheit ist». Sie kämen unter anderem auch deshalb so schwer von den Substanzen oder dem Verhalten los, weil diese ihnen scheinbar die Kontrolle darüber geben, wie sie sich fühlen. Technologie, mit der man den eigenen Gemütszustand modulieren kann, müsse daher als «inhärent suchterzeugend» betrachtet werden, so die Psychiaterin.

Gleichzeitig hätten harte Drogen wie Heroin, die sich Suchtkranke injizieren, auch deswegen ein so hohes Suchtpotenzial, weil sie über den Blutkreislauf viel schneller ins Gehirn gelangen als andere Stoffe, die geschluckt oder durch die Nase gezogen werden. «Wenn man nun über eine direkte Verbindung das Dopamin-Belohnungssystem im Gehirn kybernetisch aktiviert, schaffen Sie die potenziell am stärksten süchtig machende Droge der Menschheit», sagte mir Lembke Anfang 2024.[11]

Was also, wenn solche bidirektionalen Geräte zum *Enhancement* gesunder Menschen irgendwann auf den Markt kommen und sich verbreiten? Wie könnten die Konsequenzen aussehen? BCI-Pionier Birbaumer warnte in Berlin vor einem Prozess, den er als «Oblomowisierung» bezeichnete. Es war eine Referenz zum Roman *Oblomow* aus dem Jahr 1859. Darin erzählt der russische Autor Ivan Goncharov vom Fall des titelgebenden Protagonisten. Dank seines adligen Standes und Reichtums braucht dieser nicht zu arbeiten. Stattdessen kultiviert Oblomow die eigene Untätigkeit und verbringt seine Tage vor sich hin dämmernd im Bett. Seine Pflichten vernachlässigt er ebenso wie seine Pläne und Träume, während seine Dienerschaft ihm auf Handzeichen jeden Wunsch erfüllt.

Eine solche Zukunft drohe uns, sollten wir auch als Gesunde flächendeckend BCI-Technologie nutzen, um unsere kognitiven Fähigkeiten zu erweitern: Wie einst Oblomow würden wir anstrengende Aufgaben zunehmend an unsere BCI-Bediensteten auslagern. Sinn würden wir erzeugen durch die Stimulation unserer Gehirne. Das würde uns ausreichend Erfüllung geben, dass wir uns nirgendwo mehr hinbewegen müssen. Die Welt um uns würde an Bedeutung verlieren, wir würden dahindämmern und unsere geistigen Fähigkeiten verkümmern lassen.

Birbaumers Zukunftsszenario ist ein düsteres. Nicht alle Forschende auf der Konferenz teilten es. Aber die Warnung eines Mannes, der ein Leben lang erforscht hat, wie unser Gehirn funktioniert, sollte ein Weckruf sein, wie dringend wir eine Diskussion über den Einsatz solcher Schnittstellen brauchen.

Noch ist so eine Zukunft einige Jahre entfernt: Branchen-Insider, mit denen ich gesprochen habe, rechnen mit ersten Markteinführungen von hochwirksamen bidirektionalen BCI-Geräten zum *Enhancement* innerhalb der nächsten sechs bis acht Jahre. Gleichzeitig scheint wahrscheinlich, dass sie am Anfang Nischenprodukte bleiben – nicht zuletzt, weil die erste Generation der Geräte wohl auf invasive Verfahren setzen wird und in aufwendigen Operationen implantiert werden muss. Nur wenige Krankenhäuser führen diese teuren Verfahren momentan durch. Und auch wenn Firmen wie Neuralink Operationsroboter entwickeln, die einen breiteren Einsatz ermöglichen würden, wird die Aussicht, den eigenen Schädel aufbohren zu lassen, die meisten Menschen wohl zumindest in der Anfangszeit noch davon abschrecken.

Dies könnte sich ändern, sobald erschwingliche Geräte mit *nicht*-invasiven Gehirn-Computer-Schnittstellen zur Verfügung stehen, die unser Gehirn zielgerichtet stimulieren können. Noch gibt es diese nicht. Aber die Forschung läuft auf Hochtouren. Und hier kommt der Berliner Psychiater Surjo Soekadar wieder ins Spiel.

Quantensprünge: Nicht-invasive bidirektionale Schnittstellen

In seinem jüngsten Forschungsvorhaben versucht Soekadar, solche Schnittstellen für den therapeutischen Gebrauch zu entwickeln. Dabei setzt er auf Durchbrüche in einem anderen Feld, das neben der KI als zweite große Disruption unserer Zeit gilt: der Quantentechnologie. Basierend auf Erkenntnissen aus der Quantenphysik haben Forschende in den letzten Jahren neue Sensoren entwickelt, deren Genauigkeit alles bisher Dagewesene in den Schatten stellt.

Soekadars Plan ist es, diese superpräzisen Quantensensoren in einem Interface einzusetzen. Mittels solcher Quanten-BCIs, so sein Vorhaben, könnte man Hirnstimulationen präziser denn je an die hochdynamischen Zustände des Gehirns anpassen, die sich ständig verändern. Denn dank der neuen Methode wäre man in der Lage, Aktivität auch zu messen, *während* das Gehirn gleichzeitig stimuliert wird. Bisher war das wegen der Interferenzen, die elektrische oder magnetische Stimulationen verursachen, quasi unmöglich. Mithilfe der Quantensensoren könnten KI-Systeme noch im selben Moment analysieren, welche Reaktionen eine Stimulation im Gehirn auslöst, und die Behandlung in Millisekunden anpassen. Das Ergebnis: ein *closed loop* zwischen Gehirn und Maschine.

Gemeinsam mit Forschenden aus der Computerwissenschaft, Physik und anderen Fächern hat Soekadar bereits einen Prototyp entwickelt; erste klinische Pilotanwendungen sind in Planung. Ihre Arbeit steht noch am Anfang. Aber wenn alles gut läuft, könnten solche bidirektionalen Quanten-BCIs schon in ein paar Jahren zur ersten klinischen Anwendung kommen. Irgendwann könnten sie es dann ermöglichen, psychiatrische Krankheiten nach demselben Prinzip zu behandeln wie bei Sarah, der amerikanischen Patientin mit den schweren Depressionen – nur noch genauer und ohne dafür den Schädel aufbohren zu müssen.

So käme in seinem jüngsten Projekt alles zusammen, sagte mir Soekadar: All die Erkenntnisse der Forschung darüber, wie man Hirnaktivität ausliest; wie man sie mithilfe von KI in Echtzeit interpretiert; und wie Gehirn-Stimulationen darauf unmittelbar angepasst werden können. Wieder einmal könnte die Konvergenz verschiedener Technologien, das Zusammenwirken von Innovationen aus unterschiedlichen Bereichen, zum nächsten großen Durchbruch führen.

Hybride Geister: Ethische Herausforderungen der Neurotechnologie

Die Sinnhaftigkeit seiner klinischen Forschung steht außer Frage. Aber, so fragte ich Soekadar, könne er ausschließen, dass die Erkenntnisse auch in einem anderen Kontext genutzt werden: dass sie irgendwann für nicht-therapeutische oder gar verwerfliche Zwecke eingesetzt würden, und das auch von Akteuren mit unlauteren Motiven? Er überlegte, bevor er antwortete. Nein, sagte er schließlich, «das ist eine legitime Befürchtung».

Das Phänomen, dass wissenschaftlicher Fortschritt sowohl für gute als auch für schlechte Zwecke genutzt werden kann, ist als *dual-use dilemma* bekannt. Nicht selten wird eine Technologie, die im medizinischen Kontext entwickelt wurde, für militärische Anwendungen umfunktioniert oder gar für kriminelle Zwecke missbraucht. Oft wächst mit dem Potenzial, sie für gute Zwecke einzusetzen, auch das Potenzial, Böses zu tun: So hat derselbe medizinische Fortschritt, der unzähligen Menschen das Leben gerettet hat, auch die Entwicklung von Biowaffen ermöglicht.

Ähnliches zeichnet sich in der Neurotechnologie ab. Schon heute nutzen Armeen weltweit die Hirnstimulation zur Behandlung von Soldat:innen, die nach Kriegseinsätzen unter posttraumatischen Belastungsstörungen leiden. Dabei handelt es sich um eine so sinnvolle wie verantwortungsvolle Anwendung. Gleichzeitig experimentieren dieselben Armeen aber auch damit, wie Neurotechnologie im Sinne eines *Enhancement* eingesetzt werden kann, um die Konzentrationsfähigkeit oder den Kampfeswillen ihrer Soldat:innen auf dem Schlachtfeld zu steigern. Dabei stellen sich komplexe ethische Fragen: Sind diese dann noch in der Lage, autonome Entscheidungen zu treffen? Könnte ein *Enhancement* zu unvorhersehbaren und möglicherweise irreversiblen gesundheitlichen Schäden führen? Sollten sie die Nutzung der Technik verweigern dürfen? Oder sollten sie gar dazu gezwungen werden können?

Auch im Rahmen ziviler Strafverfolgung zeigen Ermittlungsbehörden großes Interesse an Neurotechnologie und wie sie damit die Absichten und Gedanken von Verdächtigen durchschauen könnten. Es ist ein alter Wunsch, der im 20. Jahrhundert zum fragwürdigen Einsatz sogenannter Lügendetektoren führte, die körperliche Reaktionen wie die Hautleitfähigkeit maßen. Mehrfach wurde gezeigt, dass die Technik unzuverlässige Ergebnisse liefert. In Deutschland ist sie daher, anders als anderswo, nicht als Beweismittel in Strafprozessen zugelassen.

Seit Jahren wird nun an einer modernen Version von Lügendetektoren gearbeitet, die Gehirnaktivität auswerten. Solche Maschinen könnten zum Beispiel analysieren, welche Hirnregionen bei Verdächtigen aktiv sind, während ihnen Fotos von Vermissten gezeigt werden, und ob es sich dabei um Areale handelt, die in der Regel neue oder bekannte Informationen verarbeiten. Bis heute kann das keine Technologie zuverlässig. Aber angenommen, das würde sich eines Tages ändern – was keineswegs sicher ist – was dann? Sollte es der Polizei erlaubt sein, Verdächtigen bei Vernehmungen ein BCI-Gerät aufzusetzen und ihre Hirnaktivität zu durchleuchten? Und welchen rechtlichen Stellenwert sollten solche Untersuchungen haben? Sollten sie vor Gericht als Beweismittel verwendet werden dürfen?

Der Aufstieg der Neurotechnologie wirft völlig neue ethische und rechtliche Fragen auf. Oft gibt es keine einfachen Antworten, auch in alltäglichem Kontext. Erinnern wir uns an «Patientin R», die Australierin Rita Leggett, die nicht mehr dieselbe war, nachdem ihr Implantat entfernt wurde. Wenn Neurotechnologie im Laufe ihrer Nutzung zum gefühlten Teil unserer Identität werden kann, welche Rechte sollten sich daraus ergeben? Sind die Geräte als Teil unseres Körpers zu verstehen, dessen Unversehrtheit das deutsche Grundgesetz ausdrücklich schützt?

Schließlich stehen wir auch an der Schwelle von Technologien, mit denen wir unsere Gedanken beeinflussen können wie nie zuvor. Der Schritt vom *Mind Reading* und *Mind Writing* hin zur *Mind Control* scheint nicht mehr so groß, wie ursprünglich mal gedacht. Wie können wir unsere Unabhängigkeit bewahren? Wie können wir verhindern, dass sich Akteure mit niederen Motiven in unsere Gehirne hacken? Und was kann und sollte die Politik machen, um unsere Gedanken zu schützen?

Während der Konferenz in Berlin mit ihrem vieldeutigen Titel *Hybrid Minds* waren es die anwesenden Forschenden aus den Rechtswissenschaften und der Philosophie, die solche Fragen aufwarfen. Nicht selten kollidierten ihre Warnungen mit den euphorischen Vorträgen aus Klinik und Industrie über jüngste Durchbrüche. Eines jedoch hatten fast alle der Anwesenden gemein: Ihnen schien zunehmend bewusst zu werden, wie sehr ihre Erkenntnisse zweckentfremdet und missbraucht werden können, und dass sie irgendwann die Kontrolle darüber verlieren könnten, was mit den Früchten ihrer Forschung passiert – ein bisschen wie

Goethes Faust und seine sprichwörtlich gewordenen «Geister, die ich rief».

So verstand ich den Philosophen Pim Haselager, als dieser seine Warnung an das versammelte Publikum aussprach und sagte, dass vor dem Fenster bald schon Menschen gegen ihre Forschung demonstrieren könnten. Anschließend projizierte er ein Foto aus den Niederlanden an die Wand: die Luftaufnahme eines Flusses und eines dazu parallel verlaufenden Kanals. Sobald der Wasserstand des Flusses eine kritische Höhe erreichte, so Haselager, würde dieser «Bypass» automatisch geflutet. Sein Heimatland, wo über ein Viertel der Landmasse unter dem Meeresspiegel liegt, gilt als führend im Hochwasserschutz. «Trotzdem wissen wir nicht, wie lange wir das noch hinbekommen», sagte der Philosoph mit schelmischem Grinsen. Dann wurde er ernst. In der Kultur seines Landes sei ein Gedanke fest verankert, sagte er: Flüsse ließen sich nicht aufhalten. Ihr Wasser komme, ob man wolle oder nicht. Stattdessen gelte es, entsprechende Lösungen zu finden. Mit einem solchen Ansatz müsse man auch an die Neurotechnologie herangehen. Ihre Entwicklung sei nicht aufzuhalten. Aber man könne sie in die richtige Richtung lenken.

Es war sprachlich das wohl schönste Plädoyer für Technologie-Regulierung, das ich in all den Jahren gehört habe. Gleichzeitig fasste Haselager zusammen, was viele der Anwesenden auf die eine oder andere Weise gesagt hatten: Es war an der Zeit für Regeln – für Gesetze, Richtlinien, Normen und Verfahren, um den Einsatz und Einfluss ihrer Technologie zu steuern. In der Europäischen Union werden solche Regeln, mehr als irgendwo sonst, in Brüssel gemacht. Dort werden Gesetze geschrieben, die anschließend für über 450 Millionen Menschen gelten. Parallel dazu versuchen unzählige Interessengruppen, diese in ihrem Sinne zu beeinflussen. Wer verstehen will, wie in dieser eigenartigen «Euroblase» Politik gemacht wird, muss deshalb mitten hinein.

7
Regulierung
Welche Regeln es braucht

• *Brüssel, Belgien*

Brando Benifei hatte nicht viel Zeit. Daran erinnerte mich seine Mitarbeiterin noch mal, als wir im Aufzug zu den Abgeordnetenbüros fuhren. Es war Ende Mai 2023, und der letzte Entwurf des *AI Act* (der KI-Verordnung) der Europäischen Union, dem ersten umfassenden Gesetzespaket für künstliche Intelligenz im Westen, stand kurz vor einer entscheidenden Abstimmung im Europäischen Parlament. Als KI-Korrespondent bei Politico hatte ich die Genese des Gesetzes seit seinen ersten Vorläufern fünf Jahre zuvor eng verfolgt. Auch nach meinem Wechsel zur Deutschen Welle Anfang 2021 war ich in Kontakt mit den Beteiligten geblieben.

Nun war ich für eine Fernseh-Doku über den *AI Act* zurück nach Brüssel gekommen. Das Europaviertel im Herzen der Stadt schien kaum verändert: Immer noch stauten sich zu viele Autos auf seinen engen Einbahnstraßen. Immer noch warben Tech-Riesen wie Amazon auf Plakaten am Straßenrand. Immer noch standen Namen wie Meta oder Google als Sponsoren über den Newslettern, mit denen die Menschen hier jeden Morgen mit Nachrichten versorgt wurden.

Benifei, ein italienischer Sozialdemokrat, nahm bei den Verhandlungen über den *AI Act* eine einflussreiche Vermittlerrolle ein. Ich kannte ihn noch aus meiner Zeit bei Politico und hatte ein paar Wochen zuvor per WhatsApp gefragt, ob wir uns für ein

Interview treffen könnten. Sein Kalender sei voll, antwortete er, aber er würde es trotzdem gerne einrichten. Zwecks Terminabsprache solle ich mich bei seinem Büro melden. Seine Mitarbeitenden dort wirkten weniger begeistert. Aber irgendwie hatte ich es mit viel Nachdruck geschafft, sie auf einen Zeitpunkt festzulegen.

Jetzt stand ich mit meinem Kameramann und einem Haufen Equipment am Seiteneingang des Parlaments – und niemand war hier. Ein bulliger Sicherheitsmann baute sich vor mir auf und motzte, er wüsste von nichts und hier könnten wir nicht bleiben. So langsam war ich genervt.

Mein Ärger wich Mitgefühl, als Benifeis Mitarbeiterin auftauchte. Unter den müden Augen der jungen Frau sah ich dunkle Ringe. Sie wirkte gehetzt, ein bisschen konfus, schien seit Tagen kaum geschlafen zu haben. Im Aufzug bemerkte ich, wie ihre Hände zitterten. Nur eine Handvoll Menschen arbeiteten in den Büros von Europa-Abgeordneten. Das kam mir plötzlich wenig vor für einen Parlamentarier, der ein Gesetz mitverantwortete, auf das die ganze Welt schaute.

«Es ist eine große Verantwortung», antwortete mir Brando Benifei mit der Souveränität eines Berufspolitikers, als ich ihn während unseres Interviews danach fragte. Es gehe um nichts weniger als darum, die Entwicklung von KI mit europäischen Werten in Einklang zu bringen. Darüber hinaus solle der *AI Act* Auswirkungen auf die ganze Welt haben. Anderswo, so Benifei, hinkten KI-Gesetzesinitiativen Jahre hinterher. Für sie solle die KI-Verordnung eine Art Blaupause werden.

Nach unserem Interview hetzte Benifei weiter zum Flughafen. Ich bat meinen Kameramann, ihn beim Verlassen des Parlaments zu filmen. So lange würde ich hier warten. Dann war ich allein auf dem langen Flur. Das Neonlicht flackerte auf dem Teppich. Von irgendwo hörte ich Stimmen, die wie Dänisch klangen. Wie oft war ich während meiner Zeit bei Politico hier gewesen, um «Quellen» zu treffen oder Dokumente zu erhalten. Ich hatte vergessen, wie amtsstubenhaft das Innere des Europaparlaments wirkte: wie anders als die modernen Büros großer Tech-Firmen und Start-ups, wo deren Policy- und Medien-Profis Strategien entwickelten, die sie dann Politiker:innen und Journalist:innen in Hintergrundgesprächen mit brillanter Rhetorik zu verkaufen versuchten.

In ein paar solcher Brüsseler Korridore, so ging es mir durch den Kopf, trafen wenige Abgeordnete und Beamt:innen gerade Entscheidungen, die unser anbrechendes KI-Zeitalter und das Leben nachfolgender Generationen prägen werden. Gleichzeitig versuchten alle möglichen Interessengruppen bis zum letzten Moment, diese Entscheidungen zu beeinflussen.

Mit der Regulierung von Technologie verhält es sich eben wie mit Technologie selbst: Auch sie fällt nicht vom Himmel, sondern ist menschengemacht. Und auch bei ihr gilt zu verstehen, welche Menschen mit welchen Absichten daran mitschreiben. Darum geht es in diesem Kapitel.

Heute: Künstliche Intelligenz

In meinem ganzen Reporterleben habe ich keine Gesetzesinitiative so intensiv verfolgt wie den *AI Act*. Bei keiner anderen Recherche habe ich besser aus erster Hand gelernt, wie Politik funktioniert und gemacht wird. Die Geschichte der Verordnung illustriert all die Herausforderungen, die sich bei neuer Regulierung stellen. Sie ist ein Lehrstück, wie verschiedene Akteure mit unterschiedlichen Ressourcen versuchen, ihre Positionen durchzusetzen. Und sie liefert wichtige Lektionen dafür, was es zu bedenken und zu verhindern gilt – nun, da der Aufstieg von *Mind-Reading AI* unsere Gedankenwelt so transparent und verletzlich wie nie zuvor machen wird.

Die Vorgeschichte des AI Act

Im April 2018 veröffentlichte die Europäische Kommission ein Strategiepapier mit dem Titel «Künstliche Intelligenz für Europa»[1]. Die Kommission ist die Exekutive der Europäischen Union: so etwas wie ihre Regierung, wäre die EU ein Land und kein Staatenbund. Neben dem Europäischen Parlament, dessen Mitglieder wie Benifei alle fünf Jahre gewählt werden, und dem Rat der Europäischen Union, der die Regierungen der Mitgliedstaaten vertritt, ist die Kommission die dritte zentrale Institution der EU. Oft wird sie als deren Machtzentrale bezeichnet, auch weil sie neue Gesetze vorschlägt.

Von konkreten Gesetzesinitiativen war dieses 23-seitige Dokument allerdings weit entfernt. Es war ein Schnellschuss, wie mir hochrangige Beamte erzählten. Denn die Kommission stand unter Druck: In der Fachwelt sorgten KI-Durchbrüche in den USA oder vermehrt auch in China für Schlagzeilen. Europa drohte den Anschluss zu verlieren. Deshalb hatten über den Kontinent verteilt Mitgliedsstaaten angefangen, an ihren eigenen nationalen KI-Strategien zu arbeiten. In der Kommission hatte man Angst, übergangen zu werden. Gleichzeitig war man überzeugt, dass die EU mit einer Stimme sprechen müsste, wenn sie im globalen Wettrennen um KI mitspielen wollte.

Vor diesem Hintergrund entwarf die Kommission in dem Dokument abstrakt eine Idee, die in den folgenden Jahren zum Leitprinzip der europäischen KI-Regulierung werden sollte: Die EU sollte weltweit führend in ethischer oder, wie es später hieß, «vertrauenswürdiger» KI werden – Technologie, die penibel Grundrechte respektiert und niemanden benachteiligt. Das, so die Strategie, würde das Vertrauen in europäische KI-Anwendungen stärken und europäischen Anbietern helfen, mit ihrer Konkurrenz in Übersee gleichzuziehen.

Dass dafür Regulierung nötig wäre, war klar. Aber wie genau sollte diese aussehen? Würden Selbstverpflichtungen der Industrie im Sinne einer «weichen» Selbstregulierung ausreichen? Sollten die Unternehmen oder ihre Branchenverbände diese Richtlinien gar selbst entwerfen? Oder brauchte es harte Gesetze, an die sich alle halten mussten, oder es drohten heftige Strafen?

In ihrem Strategiepapier umschiffte die Kommission die Frage. Stattdessen gab sie bekannt, ein neues Fachgremium aus Industrie, Wissenschaft und Zivilgesellschaft einzuberufen. Dieses sollte nicht-bindende Vorschläge erarbeiten, wie es weitergehen könnte. Kerngedanke hinter dieser *High-level Expert Group* war es, möglichst viele Perspektiven zusammenzubringen.

Und doch waren, als die Kommission im Sommer 2018 die 52 Mitglieder bekannt gab, «nur ein paar zivilgesellschaftliche

Organisationen vertreten», erinnerte sich Fanny Hidvégi von der Menschenrechtsorganisation Access Now mir gegenüber fünf Jahre später: «Und ich war die Einzige, die einen digitalen Menschenrechtsansatz verfolgte.» Hidvégi arbeitete von 2016 bis 2024 im Brüsseler Büro der NGO. Die Ungarin erzählte mir einmal, sie habe sich selbst dafür gehasst, Jura zu studieren, bis sie ihre Berufung in der Welt der Menschenrechte fand. Mit Access Now repräsentierte sie jahrelang eine der sichtbarsten Tech-*Kassandras* im Lobby-Dickicht des Politikbetriebs der EU. Schon 2018 war ihre Organisation überzeugt davon, dass KI-Technologie ernsthafte Risiken für Grundrechte darstellen könnte. In der Gruppe plädierte Hidvégi deshalb vom ersten Treffen an für umfassend bindende Gesetze – und fühlte sich damit sehr allein.

«Es ist eine Sache, seine juristische Expertise darzulegen. Eine andere ist es, auf persönlicher Ebene die gesamte Gruppe ständig gegen sich aufbringen zu müssen», erinnerte sie sich im Sommer 2023. «Es war wirklich nicht einfach, immer in einer Ecke zu stehen und alle anderen in der anderen.»

In der Tat stammten viele Mitglieder des Gremiums entweder aus industrienaher Forschung oder der Industrie selbst. Als einflussreichen Vorsitzenden hatte die Kommission den finnischen Geschäftsmann Pekka Ala-Pietilä bestimmt. Der ehemalige Präsident von Nokia, damals Anfang sechzig, war ein offener Gegner überbordender Regeln für KI. Als ich ihn im Oktober 2018 zum Interview im finnischen Wirtschaftsministerium in Helsinki traf, ließ er daran keine Zweifel. «Wir müssen sichergehen, dass wir zum richtigen Zeitpunkt regulieren – und nicht zu früh, wenn wir damit nur Hindernisse schaffen», fasste Ala-Pietilä zusammen. Anstatt ein umfassendes Regelwerk für KI zu entwerfen, sollte man die weitere Entwicklung der Technologie zunächst abwarten, um «zu verstehen, wann es zu regulieren gilt und wann nicht».

Die Positionen der Aktivistin Fanny Hidvégi und des Unternehmers Pekka Ala-Pietilä stehen für zwei Pole, die bis heute die Debatte um KI-Regulierung prägen: Während die eine Seite strenge Regeln fordert, um die Grundrechte von Menschen zu schützen, warnt die andere Seite, dass zu viel Regulierung die Entwicklung neuer Technologie ausbremsen und Europa im globalen KI-Rennen zurückwerfen wird.

Gleichzeitig zeigte sich schon damals im Mikrokosmos der Gruppe ein Phänomen, das ich in den folgenden Jahren immer wieder beobachten würde: In vielen Diskussionen sitzen sich Industrie und Zivilgesellschaft zwar am Verhandlungstisch gegenüber, agieren aber unter völlig unterschiedlichen Voraussetzungen und mit völlig anderen Ressourcen. So trafen im EU-Fachgremium Mitglieder der Zivilgesellschaft wie Hidvégi, die in ihrer kleinen Non-Profit-Organisation nebenbei noch andere Aufgaben erledigte, auf Lobby-Profis aus der Industrie, die von ihren Unternehmen oder Verbänden ganze Teams zur Seite gestellt bekamen. «Es war kräftezehrend», sagte sie fünf Jahre später. Eine Lektion aus diesen Anfangsjahren sollte darin bestehen, einem solchen Ungleichgewicht bewusst entgegenzuwirken und bei der Auswahl zukünftiger Gruppen die Zivilgesellschaft noch mehr einzubeziehen.

Und dennoch kann diese Vorgeschichte der europäischen KI-Verordnung – die oft vergessen wird, was wahrscheinlich daran liegt, dass künstliche Intelligenz damals noch ein Nischenthema war – als Erfolgsgeschichte verstanden werden. Denn als die Gruppe im April und Juni 2019 nach hitzigen Debatten den Hauptteil ihrer Empfehlungen veröffentlichte, las sich dieser wie ein aufrichtiger Kompromissvorschlag: So warnten die Dokumente im Sinne der Industrie davor, KI-Anwendungen pauschal mit strengen Regeln zu belegen. Gleichzeitig trugen sie unverkennbar eine Menschenrechts-Handschrift und forderten die Kommission auf, «die Notwendigkeit neuer Regulierung zu prüfen» sowie «rote Linien» zu definieren, welche KI-Anwendungen gänzlich verboten werden sollten.[2]

Eingeständnisse, zum Teil schmerzhafte, waren auf beiden Seiten nötig gewesen. Aber schließlich sagten mir fast alle Mitglieder, mit denen ich im Anschluss sprach, dass sie hinter dem Resultat standen. Konsens zu finden war möglich, das hatte ihre Arbeit gezeigt, zumindest in der Theorie. Denn die eigentliche gesetzgeberische Arbeit der EU fing erst an: Nun war es an der Politik, ihre Empfehlungen in echte Regeln zu überführen.

Von der Leyens Versprechen

Der Zufall wollte es, dass zu diesem Zeitpunkt in Brüssel turnusgemäß ein Wechsel an der Spitze der Kommission anstand. Gleichzeitig hatte sich die öffentliche Meinung gedreht: Kampagnen von Menschenrechtsorganisationen und Medienberichte über diskriminierende KI-Technologien hatten ein Risikobewusstsein geschärft. Zunehmend hatten sich Zweifel breit gemacht, ob eine Selbstkontrolle durch die Tech-Industrie je genug sein könnte.

So versprach Ursula von der Leyen im Sommer 2019 nach ihrer Wahl zur neuen Kommissionspräsidentin, während ihrer ersten hundert Tage nach Amtsantritt im Dezember Vorschläge für eine «Gesetzgebung für KI» vorzulegen. Auf der Arbeitsebene der Kommission schlug man die Hände über dem Kopf zusammen und seufzte, dass es für komplexe Gesetzesentwürfe mehr Zeit brauche. Aber von der Leyens Vorstoß machte Druck. Und so legte die Kommission im März 2020 mit einem *White Paper* einen Vorläufer vor, dem ein gutes Jahr später im Frühling 2021 konkrete Gesetzgebungsvorschläge folgten. Es war der erste Aufschlag dessen, was heute als *AI Act* bekannt ist. In den Jahren danach wurde dieses Dokument durchdiskutiert, auseinandergenommen, umformuliert und neu zusammengesetzt.

Das öffentliche Interesse in den ersten Jahren hielt sich in Grenzen. Dann veröffentlichte OpenAI im Oktober 2022 ChatGPT. Plötzlich war KI in aller Munde, und die Welt schaute auf Brüssel. Dort beeilte man sich, Regeln für große KI-Modelle in das Gesetzespaket mit hineinzuschreiben. Ende 2022 einigten sich die Mitgliedstaaten auf ihre Position; im Sommer 2023, kurz nach meinem Treffen mit dem Abgeordneten Benifei, verabschiedete das Europäische Parlament seinen Entwurf des *AI Act*.

Es folgten, wie immer bei EU-Gesetzgebungsverfahren, Dutzende nichtöffentlicher Sitzungen zwischen Parlament, Kommission und Rat, in denen die Institutionen um jedes Wort im Text feilschten. Seit langem kritisiert die Zivilgesellschaft diese «Trilog»-Treffen als intransparente Hinterzimmer-Deals.[3] Fünf Monate später, im Dezember 2023, lächelte Benifei schließlich mit anderen Delegierten nach einem finalen Verhandlungsmarathon müde in eine Kamera und gab einen Durchbruch bekannt. Das Parlament hatte sich mit Kommission und Rat zu einem gemeinsamen Gesetzestext durchgerungen. Jede der drei Institutionen feierte diesen als Triumph.

Gleichzeitig hatten im übertragenen Sinn jedoch weit mehr Akteure an dem Text mitgeschrieben, als auf dem Foto zu sehen waren. Denn hinter den Kulissen hatte in den Jahren zuvor ein erbitterter Kampf der Interessengruppen rund um den *AI Act* getobt. Und dieser hatte seine Spuren hinterlassen.

Lobbyschlachten

Niemand hatte so viele Ressourcen in diese Schlacht gesteckt wie die Industrie: Ob Google, Amazon oder OpenAI, alle Tech-Riesen unserer Zeit standen in engem Kontakt mit der Politik. Welchen Stellenwert der *AI Act* für sie hat, wurde nicht zuletzt dadurch deutlich, dass jede der genannten Firmen im entscheidenden Jahr 2023 ihren CEO selbst nach Brüssel entsandte, um für zurückhaltende Regulierung zu werben.

Dass die Großen der Wirtschaft sich mit der Politik treffen, ist ein wichtiger und nicht per se verwerflicher Teil des demokratischen Prozesses. Wer Gesetze verabschiedet, braucht fachlichen Input, auch aus der Industrie. Nur so können neueste Entwicklungen berücksichtigt werden.

Auch Menschenrechtsorganisationen wie Access Now oder der NGO-Dachverband European Digital Rights beteiligten sich an dieser Lobbyschlacht: Auch sie leisteten Überzeugungsarbeit in eigener Sache. Und auch sie taten im Laufe der Jahre alles in ihrer Macht Stehende, um dem *AI Act* ihren Stempel aufzudrücken.

Und doch zeigte sich bei genauerem Hinsehen, was sich Jahre zuvor im Mikrokosmos des EU-Fachgremiums schon abgezeichnet hatte: wie sehr die Zivilgesellschaft der Industrie in Sachen Zugang unterlegen war. So fielen im Jahr 2023 laut einer Analyse des gemeinnützigen Watchdogs Corporate Europe Observatory zwei von drei Lobby-Treffen von Europaabgeordneten auf die Industrie, vor allem mit US-Tech-Giganten wie Google, Microsoft und OpenAI – und nur jedes zehnte Treffen mit der Zivilgesellschaft. Noch krasser sah es bei den Treffen der Kommission aus: Ganze 86 Prozent fanden mit der Industrie statt.[4]

Wie sehr hat das den Entscheidungsprozess in Brüssel beeinflusst? Im Gesetzestext ist der Einfluss der Industrie spürbar. Und doch scheint öffentlicher Druck, forciert von der Zivilgesellschaft, immer wieder als ausgleichendes Korrektiv gewirkt zu haben. Dies verdeutlicht eine Kontroverse, welche die letzten Tage der Verhandlungen dominierte. Sie drehte sich um sogenannte *General Purpose AI* (GPAI): Allzweck-KI, die alle möglichen Aufgaben erledigt. Bis zum letzten Tag versuchten amerikanische Tech-Giganten, interessanterweise unterstützt von europäischen KI-Start-ups, deren Regulierung aus dem Text zu kicken. Doch Digitalrechts-NGOs schlugen Alarm. So schaffte es der Konflikt in die Schlagzeilen. Unter den Augen der Medienöffentlichkeit wurde schließlich ein Kompromiss gefunden: Die Regeln blieben im *AI Act*; super-strenge Anforderungen sollten aber nur für bestimmte GPAI gelten.

Der *AI Act* ist nicht perfekt. Viele praktische Probleme werden erst bei der Umsetzung in den nächsten Jahren ans Licht kommen. Aber in meinen Augen hat das ständige Kräftemessen zwischen Industrie und Zivilgesellschaft bei der Regulierung von Endverbraucher-Technologie in großen Teilen zu einem Kompromiss geführt, der das 2018 festgelegte Ziel mittelfristig in die Tat umsetzen könnte: Innovation zu fördern und gleichzeitig Grundrechte zu schützen. Dafür führt der Gesetzestext in vielen Bereichen wichtige Mechanismen ein.

Allerdings gibt es eine Ausnahme, die in der Diskussion untergegangen ist: Versteckt in juristischen Neuformulierungen und Auslassungen wurden durch die Hintertür bis zuletzt Änderungen vorgenommen, die den Grundrechtsschutz zumindest für bestimmte Gruppen erheblich einschränken.[5] Diese scheinen nicht auf die Lobbyarbeit der Industrie zurückzugehen, zumindest nicht primär. Vielmehr scheinen sie mit einer dritten, oft vergessenen Interessengruppe zusammenzuhängen, die einzelne Abschnitte des *AI Act* wie keine andere geprägt hat. Es sind Akteure, die oft unsichtbar bleiben und auch im EU-Fachgremium nicht direkt vertreten waren: «sehr einflussreiche Stimmen, die nie im Raum sind, sondern immer in den Hinterzimmern», wie es die Aktivistin Hidvégi mir gegenüber beschrieb. Die Rede ist von Strafverfolgungsbehörden.

Europas KI-Gesetze

Europas *AI Act* fußt auf einem zentralen Gedanke: Da KI für die unterschiedlichsten Zwecke eingesetzt werden kann, sollte ihre Regulierung immer die potenziellen Risiken einer Anwendung in Betracht ziehen und die Regeln entsprechend anpassen. Je höher das Risiko, desto strenger die Regeln.

Man kann sich diesen «risikobasierten Ansatz» wie eine Pyramide vorstellen. Unten am Sockel befinden sich Anwendungen, von denen kein oder nur ein minimales Risiko ausgeht: zum Beispiel Algorithmen, die E-Mails nach Spam filtern, oder Bilderkennungssoftware, die Fotos auf dem Handy sortiert. Für sie gelten keine besonderen Regeln.

Unmittelbar darüber steht Technologie mit begrenztem Risiko. Solche Anwendungen müssen Mindestanforderungen erfüllen, die recht einfach umzusetzen sind. Bei KI-basierten Chatbots muss beispielsweise erkennbar sein, dass man nicht mit einem Menschen kommuniziert. Die meisten KI-Anwendungen fallen in eine der beiden unteren Kategorien.

Die dritte Stufe umfasst Hochrisiko-Anwendungen, die ein erhebliches Risiko für die Grundrechte von Nutzer:innen darstellen. Dazu gehören Systeme, die mitentscheiden, wer kreditwürdig ist oder Sozialleistungen erhalten soll. Solche Technologie muss künftig strenge Anforderungen erfüllen, bevor sie in der EU verkauft oder genutzt werden darf.

An der Spitze der Pyramide schließlich stehen einzelne KI-Anwendungen, die so risikobehaftet sind, dass ihr Einsatz mit dem Begriff «vertrauenswürdige» KI unvereinbar ist. Sie sollen daher gänzlich verboten werden. Erinnern wir uns an die Emotionserkennung aus dem zweiten Kapitel: Der *AI Act* untersagt ihre Nutzung im Bildungsbereich oder am Arbeitsplatz, es sei denn, die Technologie wird zu Sicherheitszwecken eingesetzt – etwa um Menschen am Steuer eines LKWs zu warnen, dass sie müde und zunehmend fahruntüchtig werden.

Die neuen Regelungen sind ein wichtiger Schritt. Sie schließen viele Gesetzeslücken, darunter auch solche, die der Staatssekretär im deutschen Bundesarbeitsministerium bei unserem Gespräch im Jahr 2020 einräumte. Bei näherer Betrachtung wird das Bild jedoch komplexer. So hatte das Parlament in seinem Entwurf auf Druck der Zivilgesellschaft hin ein Verbot von Emotionserkennung auch im Kontext von Strafverfolgung und Migration gefordert. Im Trilogverfahren jedoch flog es aus dem endgültigen Text. Dafür scheinen Strafverfolgungsbehörden die entscheidende Rolle gespielt zu haben. Diese Auslassung, so warnen Menschenrechtsorganisationen, öffne nun Tür und Tor für den legalen Einsatz fragwürdiger Technologien an der Grenze oder im Umgang mit Geflüchteten – und schaffe de facto ein Zweiklassensystem, in dem Regeln für verschiedene Menschen unterschiedlich ausgelegt werden.

Und so musste ich, als ich Anfang 2024 den finalen Entwurf des *AI Act* las, an S. Q. Masood denken, den indischen Datenschutzaktivisten, und was er mir zwei Jahre zuvor in Hyderabad gesagt hatte: Dass übergriffige Technologie als erstes bei den Schwächsten der Gesellschaft angewandt werde, die keine Lobby hätten und sich nicht wehren können.

Wie groß der Einfluss der Strafverfolgungsbehörden auf die Gesetzgebung gewesen sein muss, zeigt sich auch bei der Regelung für Echtzeit-Gesichtserkennung im öffentlichen Raum. Zur

Erinnerung: Einmal aktiviert, macht diese Technologie es praktisch unmöglich, sich anonym in der Öffentlichkeit zu bewegen. Das Europäische Parlament hatte in seinem Entwurf daher ein generelles Verbot gefordert. Dieses steht zwar weiterhin im finalen Text. Allerdings erlaubt dieser es den Mitgliedstaaten unter bestimmten Umständen eben doch, Live-Gesichtserkennung zu nutzen, etwa bei der Fahndung nach Verdächtigen oder den Opfern von Straftaten. Der Jurist Patrick Breyer, der von 2019 bis 2024 als Abgeordneter der Piratenpartei im Europaparlament saß, sieht darin eine «faktische Erlaubnis zur flächendeckenden Massenüberwachung» in der EU. Das stelle «eine Verletzung unseres Grundrechts auf Achtung unserer Privatsphäre» dar. Auch deshalb sei der *AI Act* «ein Fall für die Gerichte».[6]

Damit deutet Breyer an, in welche nächste Phase der Gesetzgebungsprozess nun eintritt: Bis voraussichtlich 2026 geht es darum, den *AI Act* in konkretes Recht umzusetzen. Es bleibt spannend, wie die Regulierungsbehörden die Gesetze auslegen und wie konsequent sie diese durchsetzen werden. Dabei wird die Debatte wohl auch vor dem einen oder anderen Gericht landen. Denn auch so wird Regulierung gemacht: Nicht nur durch Politiker:innen, die Gesetze erlassen, sondern auch durch Richter:innen, die sie interpretieren, Lücken füllen und richtungsweisende Präzedenzurteile treffen. Entsprechende Klagen sind zu erwarten, sowohl aus der Wirtschaft als auch aus der Zivilgesellschaft. Die Lobbyschlacht um Europas KI-Regeln geht weiter.

Innovationsgeist wecken

Und was ist aus der zweiten Säule der europäischen KI-Strategie geworden? Der Frage, wie die EU vertrauenswürdige KI fördern und entwickeln kann, die andere Technologie mit Blick auf ethisches Design in den Schatten stellt?

Besonders für kleine Unternehmen ist es wichtig, sich der Unterstützung durch die Politik gewiss zu sein. Die Einführung EU-weiter Datenschutzregeln seit 2016 hat gezeigt, dass Start-ups mit der Umsetzung neuer Regelungen häufiger überfordert sind als große Konzerne mit eigenen Rechtsabteilungen. Brüssel sollte ihnen die Umsetzung des *AI Act* so leicht wie möglich machen – nicht zuletzt, damit sie sich darauf konzentrieren können, an Innovationen im Bereich «verantwortungsvolle KI» zu arbeiten.

Zentral, so habe ich es immer wieder von Start-ups gehört, ist Klarheit darüber, wie Regeln gemeint sind und welche Anforderungen für wen gelten. «Unsicherheit ist das Schlimmste für Innovation», sagte mir Rasmus Rothe, der Mitgründer der Berliner KI-Investmentfirma Merantix, im Sommer 2023. Gleichzeitig sollte es für Firmen auch weiterhin möglich sein, mit der Entwicklung völlig neuer Technologie auch außerhalb des festgesetzten legalen Rahmens zu experimentieren. Dafür verspricht der *AI Act* ein Konzept für regulatorische *Sandboxes* (Sandkästen), die das unbürokratisch erlauben sollen. Jetzt, da es an die konkrete Umsetzung geht, muss die Politik diesbezüglich Wort halten.

Schließlich sollte Brüssel seinen Ankündigungen auch finanzielle Taten folgen lassen und europäische Firmen und Forschungsteams bei der Entwicklung verantwortungsvoller KI gezielt unterstützen. Denn, so schreiben Miriam Meckel und Léa Steinacker, für die Entwicklung von Weltklasse-Technologie braucht es «nicht nur Strafen, sondern auch Förderung und Forschung, finanzielle Unterstützung und Weiterbildung»[7].

Schon heute investiert Brüssel Milliarden öffentlicher Gelder in die Forschung und Entwicklung von KI. Die Frage ist allerdings, ob dieses Geld immer in die richtige Richtung fließt. Eine im März 2023 veröffentlichte Analyse der Firma Eticas Tech im Auftrag des philanthropischen European AI & Society Fund lässt daran Zweifel aufkommen. Stattdessen diagnostiziert die Studie «einen anhaltenden Trend zum Techno-Solutionismus – die Entwicklung von Technologie um der Technologie willen, ohne Rücksicht auf die Anwendung und den gesellschaftlichen Nutzen»[8]. Im Gespräch wurde Gemma Galdón-Clavell, CEO von Eticas Tech, noch deutlicher: «Wenn man sich anschaut, was die EU tatsächlich finanziert, dann finanzieren wir etwas, das ich nur als ‹Silicon-Valley-Nachahmung› bezeichnen kann», sagte sie mir im Sommer 2023. Ein Großteil öffentlicher Gelder fließe in Anwendungen, «die nicht besonders innovativ sind, sondern nur billige Kopien dessen, was schon in den USA gemacht wird».

Als Gegenmaßnahme müsse die EU transparenter machen, wohin ihre Gelder fließen, forderte Galdón-Clavell. Und Brüssel sollte auch im Nachhinein überprüfen, ob geförderte Projekte den Ansprüchen an «vertrauenswürdige KI» tatsächlich gerecht werden. «Ich will mich mutig aus dem Fenster lehnen», sagte sie: «Ich denke, dass ein Großteil der EU-Gelder, die durch Zuschüsse in die Entwicklung neuer Software fließen, derzeit verschwendet wird.»

Morgen: *Mind-Reading AI*

Während im November 2023 die Lobbyschlacht um den *AI Act* in vollem Gang war, kam weitgehend unbemerkt in einem anderen Flügel des Europaparlaments ein Ausschuss zur Technikfolgenabschätzung zusammen. Die Sitzung stand unter dem Titel «Die letzte Grenze der Privatsphäre». Dafür hatten die Abgeordneten Fachleute eingeladen, die sie über jüngste Entwicklungen in der Neurotechnologie informieren sollten.

Den Einführungsvortrag hielt Marcello Ienca. Der Philosoph und Bioethiker war im selben Jahr mit Mitte dreißig zum Professor für Ethik der KI und Neurowissenschaften an die Technische Universität München berufen worden. «Lange Zeit war das Gehirn eine Blackbox», sagte er.[1] Zwar konnte man beobachten, welcher Input zu welchem Output führte. Aber was genau in seinem Inneren vorging, blieb unbekannt. «Jetzt beginnen wir, die notwendigen Werkzeuge zu haben», um Licht in jene Blackbox zu bringen, fuhr er fort. Und das habe Folgen.

Auf einer Präsentation hinter ihm tauchte ein Zitat auf, das dem Schweizer Arzt und Naturphilosophen Paracelsus zugeschrieben wird: «Die Gedanken sind frei und unterliegen keinen Gesetzen. In ihnen findet man die Freiheit des Menschen.» Oft sei diese Idee in der Philosophiegeschichte formuliert worden, sagte Ienca: Dass all unsere Freiheit auf der Freiheit unserer Gedanken beruht. Auch deshalb, so schloss er seinen Vortrag, sei es an der Zeit, ein Regime für «*Governance* von Neurotechnologie auf verschiedenen Ebenen» zu entwickeln: vom internationalen Recht über nationale Gesetze hin zu nicht-bindenden Richtlinien.

Seine Einschätzung deckte sich mit dem, was ich im Laufe meiner Recherchen von über einem halben Dutzend Rechtswissenschaftler:innen und Ethiker:innen gehört habe: Auch wenn Uneinigkeit darüber besteht, inwieweit dezidiert neue Gesetze für Neurotechnologie nötig sind – und wenn ja, welche –, sind sie sich einig, dass unser heutiger Rechtsrahmen allein nicht ausreicht, um unsere Gedanken vor unerlaubtem Zugriff und Manipulation zu bewahren. Im Umkehrschluss heißt das: Es braucht neue Regeln, um unser Gehirn und unseren Geist bestmöglich zu schützen. Es ist an der Zeit, unser Rechtssystem fit zu machen fürs Zeitalter der *Mind-Reading AI.*

Die vergessene Freiheit

Allerdings fällt der Aufstieg dieser Technologie auch schon heute nicht in ein rechtliches Vakuum. So lassen sich verschiedene Menschenrechte auf Neurotechnologie anwenden: Neben den Rechten auf Menschenwürde, körperliche Unversehrtheit und den Schutz der Privatsphäre sagen Fachleute vor allem dem wenig bekannten Menschenrecht auf Gedankenfreiheit eine zentrale Rolle voraus.[2] Bereits 1966 wurde es durch die Vereinten Nationen im Artikel 18 ihres Internationalen Pakts über bürgerliche und politische Rechte verabschiedet. Zehn Jahre später trat es in Kraft. Viele Jahrzehnte lang wurde es allerdings vor allem im Kontext der Religionsfreiheit interpretiert, fast nie von Gerichten angewandt und geriet so sehr aus dem Fokus, dass es irgendwann als «vergessene Freiheit» verschrien wurde.

Nun könnte sein Moment gekommen sein, argumentiert der Hamburger Jurist Jan Christoph Bublitz.[3] Denn, so warnt er gemeinsam mit Forschenden aus Philosophie und Psychiatrie, Neurotechnologie stelle in vielerlei Hinsicht eine völlig neue Bedrohung für die Freiheit unserer Gedanken dar.[4]

Reicht es fürs Zeitalter von Gehirn-Computer-Schnittstellen und hochentwickelter *Mind-Reading AI* also aus, internationales Völkerrecht neu zu interpretieren?[5] Oder braucht es eine tiefgreifende Überarbeitung der Menschenrechte, wie es beispielsweise eine Gruppe rund um den spanisch-amerikanischen Neurobiologen Rafael Yuste vorschlägt?[6] Darüber tobt in juristischen Zirkeln eine hitzige Diskussion. Internationale Organisationen von der UN hin zum Europarat prüfen die Frage.

Gleichzeitig weist der Jurist Bublitz darauf hin, dass es nicht nur auf internationaler Ebene, sondern auch weiter unten in der Rechtshierarchie schon Gesetze gibt, die sich auf Neurotechnologie anwenden lassen. So müssen Geräte im medizinischen Kontext schon heute selbstverständlich dieselben Anforderungen erfüllen wie andere Medizinprodukte auch. Daneben sind die Gehirn*daten*, die während der Nutzung entstehen, eben auch das: Daten, für die das bestehende Datenschutzrecht gilt. In der EU steckt die Datenschutzgrundverordnung so auch im nicht-klinischen Bereich schon einen groben Rechtsrahmen ab.

Doch wie oft bei juristischen Fragen steckt der Teufel im Detail: Unser Datenschutzrecht unterscheidet zwischen verschiedenen Arten von Informationen. Nicht alle müssen gleich gut geschützt werden. «Personenbezogene» Daten, anhand derer Menschen eindeutig identifiziert werden können, genießen besonderen Schutz. Vor dem Hintergrund, dass kein Gehirn gleich ist, stellt sich jetzt etwa die Frage: Sollten nicht alle Gehirndaten als «personenbezogen» und damit als besonders schützenswert gelten? Darüber hinaus können sie detaillierte Hinweise auf den körperlichen und seelischen Zustand von Menschen und dank KI-Analysen zunehmend auch auf den Inhalt ihrer Gedanken liefern. Sollten Gehirndaten deshalb, ähnlich wie genetische Informationen, generell unter eine bestimmte Kategorie besonders sensibler und schutzbedürftiger Informationen fallen?[7]

Zeit für Neurorechte

Zugleich wirft der Aufstieg von *Mind-Reading AI* auch ganz neue rechtliche und ethische Fragen auf. «Die 2020er Jahre könnten für neuronale Interfaces das werden, was die 1980er Jahre für den Computer waren», sagte der Philosoph Ienca den Abgeordneten in Brüssel: «das Jahrzehnt, in dem sich der Computer von einer elitären Technologie in Forschungslabors und Militäreinrichtungen zu Geräten entwickelte, die wir alle zu Hause haben». Um den Schutz unserer Gedankenwelt zu gewährleisten, hat Ienca gemeinsam mit dem Rechtswissenschaftler Roberto Andorno ein Konzept für «Neurorechte» entwickelt. Es basiert auf vier Säulen.[8]

Zunächst ist da ein Recht auf «mentale Privatsphäre»: Weder Unternehmen noch Regierungen sollen ohne unser Wissen und unsere Zustimmung unsere Gedanken auswerten und verarbeiten dürfen. Daneben steht ein Recht auf «mentale Unversehrtheit», gewissermaßen als Pendant zum Recht auf körperliche Unversehrtheit. Die Europäische Menschenrechtskonvention, der völkerrechtliche Vertrag zwischen den 46 Mitgliedern des Europarates, kennt ein solches schon heute. Dieses soll erweitert werden, um Menschen davor zu schützen, dass sich andere in ihre Gedanken hinein hacken. Als drittes nennen Ienca und Andorno ein «Recht auf psychologische Kontinuität». Es besagt, dass Gehirn-Computer-Schnittstellen nicht missbraucht werden dürfen, um unseren Geisteszustand gegen unseren Willen zu verändern, beispielsweise um uns mit politischen Ideologien zu indoktrinieren. Schließlich steht über allem ein «Recht auf kognitive Freiheit» oder mentale Selbstbestimmung: die grundlegende Idee, dass wir selbst die Kontrolle über unsere Gedanken behalten sollen.

Dieses «Recht auf kognitive Freiheit» beschreibt die Juristin Nita Farahany als wichtigstes und zugleich als Dreh- und Angelpunkt aller Neurorechte. Denn wenn wir bei der Nutzung bestimmter Neurotechnologien faktisch die Kontrolle über Teile unseres Gehirns oder gar unseres Geistes abgeben, scheint es umso wichtiger, dass unsere Souveränität rechtlich verankert ist. Farahany plädiert für die Einführung eines solchen Menschenrechts auf internationaler Ebene. Dazu müssten die Vereinten Nationen es in ihre völkerrechtlich verbindlichen Verträge aufnehmen. Dann wären theoretisch alle Unterzeichnerstaaten rund um die Welt dazu verpflichtet, ihre Gesetze entsprechend zu überprüfen und zu überarbeiten.

Unabhängig davon haben einzelne Länder und Staatenbünde auch heute schon damit begonnen, eigene Regeln für Neurotechnologie zu diskutieren. In der EU, die sich selbst als Vorreiter bei der Technologie-Regulierung sieht, stecken diese Bemühungen noch in den Kinderschuhen. Als ersten Schritt kündigten die Digitalminister:innen der EU-Länder nach einem Treffen im Oktober 2023 an, gemeinsam mit der Europäischen Kommission «Überlegungen darüber zu initiieren, wie wir Neurotechnologien fördern können, bei denen der Mensch im Mittelpunkt steht»[9]. Ein anderes Land viele tausend Kilometer entfernt ist derweil schon mehrere Schritte weiter.

Vorreiterland Chile

Nach dem Philosophen Ienca übernahm eine Mitarbeiterin der diplomatischen Vertretung Chiles in Brüssel das Mikrofon. Ihr Heimatland mit knapp 20 Millionen Einwohnern im Südwesten Südamerikas hat sich in den letzten Jahren als Vorreiter bei der Regulierung von Neurotechnologien hervorgetan.

Schon 2020 hatte dort eine Kommission des chilenischen Parlaments auf Initiative des Politikers Guido Girardi Lavín mit der

Arbeit begonnen. Im Oktober 2021 führte dies zu einem einstimmig verabschiedeten Zusatz, der den Schutz von «Gehirnaktivitäten und daraus gewonnenen Informationen» in der chilenischen Verfassung verankerte. Es war ein weltweites Novum.

Kurz darauf zog Girardi gegen die US-Firma Emotiv vor Gericht. Das Unternehmen entwickelt seit mehr als einem Jahrzehnt nicht-invasive EEG-Headsets. Ziel ist laut Homepage, diese «aus den Labors in die reale Welt» zu bringen.[10] So kooperierte Emotiv 2022 mit dem französischen Kosmetikhersteller L'Oréal und bot der Kundschaft in Geschäften der Luxusmarke Yves Saint Laurent an, mithilfe eines EEG-Headsets «den perfekten Parfum-Duft zu bestimmen, der zu ihren Gefühlen passt»[11]. Im Internet hatte sich Girardi Emotivs futuristisches EEG-Headband «Insight» gekauft, das laut Website Gehirnsignale auf Zeichen für «Aufregung, Engagement, Entspannung, Interesse, Stress, Konzentration» interpretiert. Dabei hatte Girardi in die Allgemeinen Geschäftsbedingungen eingewilligt und sein Einverständnis gegeben, dass seine Gehirndaten an die Cloud-Server des Unternehmens gesendet und dort gespeichert werden. Aber damit, so argumentierte Girardi in seiner Klage, setze das Unternehmen sie unverhältnismäßigen Risiken aus. Gleichzeitig benutze Emotiv die Daten ohne seine bewusste Zustimmung, um seinen Algorithmus zu trainieren.

Im August 2023 gab ihm Chiles höchstes Gericht in Santiago teilweise Recht und forderte die Firma auf, die Daten zu löschen – was sie auch umgehend tat. Das Urteil wurde in Fachkreisen als historische Grundsatzentscheidung wahrgenommen und katapultierte Lateinamerika endgültig an die Spitze der Neurorechte-Debatte. Auch andere Länder wie Mexiko und Brasilien prüfen mittlerweile ähnliche Verfassungsänderungen.

Irgendwie überrasche sie das selbst, sagte mir Micaela Mantegna. Mit ihren neonpinken Haaren und der großen Tropfenbrille sieht die Argentinierin nicht aus wie die typische Rechtsanwältin. Als «*Abogamer*» – ein Wortspiel aus dem spanischen *abogada* (Rechtsanwältin) und dem englischen *gamer* (Videospielfan) – hat sie sich international einen Namen gemacht.

Bei der Regulierung von KI «waren wir in Südamerika unter den Letzten», sagte Mantegna. Dies habe auch damit zu tun, dass oft die Meinung vorherrsche, dass Tech-Regulierung und Fragen wie Datenschutz «Probleme reicher Länder» seien, während es auf dem Kontinent dringendere Probleme wie Wirtschaftskrisen, Armut und Sicherheitsfragen gebe. Oft hätten sich lateinamerikanische Länder deshalb bei ihrer Gesetzgebung an die USA oder Europa angelehnt – manchmal, ohne die spezifischen Bedürfnisse der Region ausreichend zu berücksichtigen. Bei der Neurotechnologie scheine es der Politik nun jedoch bewusst zu sein, wie viel auf dem Spiel stehe. «Hier geht es jetzt um die letzte Barriere menschlicher Handlungsmacht», sagte Mantegna. Vielleicht habe auch die Erkenntnis für Tempo gesorgt, «dass wenn wir jetzt unsere Chance verpassen, unsere eigenen Regeln und Rahmenbedingungen festzulegen, wir dem Globalen Norden komplett ausgeliefert sind».

Zweifelsohne spielte auch der Einfluss des erwähnten spanischstämmigen Neurobiologen Rafael Yuste und der von ihm mitgegründeten Neurorights Foundation eine Rolle: Chiles gesetzgeberischer Initiative ging ein Treffen Yustes mit chilenischen Abgeordneten voraus. Auch die Gesetzesvorhaben in Brasilien und Mexiko berufen sich auf seine Arbeit.

Als Vorreiterland betrachte Chile es nun als seine «moralische Pflicht», die Debatte auch auf internationaler Ebene nach vorne zu treiben, sagte die Diplomatin den Europaabgeordneten. Rechtliche Grundlagen bis hin zum Menschenrechtsrat der Vereinten Nationen seien nötig. Denn die Auswirkungen von Neurotechnologie machten an Ländergrenzen nicht halt: «Wir brauchen einen globalen Konsens, sonst wird kein Land und keine Region in der Lage sein, die Hauptaufgabe von Staaten zu erfüllen: den Schutz ihrer Bürger:innen.»

Wie könnte es international also weitergehen? Vor dem Hintergrund zunehmender geopolitischer Spannungen und unterschiedlicher Ansichten, wie Technologien zu regulieren seien, erscheinen dem Rechtswissenschaftler Bublitz nicht-bindende *soft laws* als die realistischste Option, die sich zeitnah umsetzen lässt. Schon im Jahr 2019 preschte die OECD mit ersten abstrakten Empfehlungen für verantwortungsvolle Innovation voraus. Momentan arbeiten verschiedene Unterorganisationen der UNESCO, der Wissenschaftsorganisation der Vereinten Nationen, an möglichen Erklärungen. Einmal verabschiedet, könnten diese «den Ton für weitere Regelungen auf nationaler, supranationaler und internationaler Ebene vorgeben»[12], so Bublitz. Wichtig sei, dass ihr Inhalt über bestehende Regeln und Richtlinien, von den Menschenrechten hin zum Datenschutz und den OECD-Empfehlungen, hinausgehe und konkrete Normen vorschlage, einschließlich roter Linien.

Ein Vorteil solcher *soft laws* läge darin, dass diese nicht nur für Staaten gelten könnten, sondern gleichfalls für Firmen und Forschungseinrichtungen, die an vorderster Front die Technologien entwickeln und maßgeblich beeinflussen. Gleichzeitig sind und bleiben sie eines: nicht bindend. Wer gegen sie verstößt, muss wenig Konsequenzen fürchten. Werden sie ausreichen? Vor dem Hintergrund dessen, was wir in den letzten zwei Jahrzehnten bei der Regulierung von Online-Plattformen beobachten konnten, habe ich meine Zweifel.

Das Regulierungs-Dilemma

Vieles in der Debatte um Neurorechte erinnert mich an das Ende der 2010er Jahre, als ich fast wortgleiche Diskussionen über die Regulierung von künstlicher Intelligenz hörte. Wieder warnen Stimmen aus der Menschenrechtswelt vor den Konsequenzen revolutionärer Technologie, die zum Teil komplett unreguliert ist. Wieder warnen Stimmen aus der Industrie vor überstürzter Regulierung und davor, «Opfer von Science-Fiction-Fantasien zu werden, die mit der Realität nichts zu tun haben»[13]. Und wieder haben beide Seiten das eine oder andere Argument auf ihrer Seite.

Für die Neurotechnologie gilt wie für die KI: Der Schutz von Grundrechten muss über allem stehen. Aber auch hier heißt es, ein regulatorisches Umfeld zu schaffen, das die Entwicklung verantwortungsvoller Anwendungen nicht ausbremst, sondern fördert. Was also tun? Sollten wir mit Regulierung abwarten, bis die Technik weiter entwickelt ist, und dann weiterschauen?

Nein. So zeigen es die Erfahrungen aus dem *AI Act*: Bei hochkomplexen Technologien ist es, etwas vereinfacht gesprochen, nie zu früh für Regulierung. Allerdings muss diese ‹atmen›: Sie muss flexibel bleiben, regelmäßig überprüft und an neueste Entwicklungen angepasst werden. Auch Nita Farahany argumentiert dafür, baldmöglichst mit Regulierung zu beginnen: «Weitere Vorteile und Risiken werden sich zeigen, wenn die Neurotechnologie Teil unseres täglichen Lebens wird, und andere Rechte müssen möglicherweise aktualisiert werden», schreibt die Bioethikerin: «Aber wir sollten nicht warten, bis diese auftauchen.»

Sie spielt damit auf ein Phänomen an, das der Technikforscher David Collingridge 1980 in seinem Buch *The Social Control of Technology* beschrieb und das seitdem als «Collingridge-Dilemma» in der Wissenschaft bekannt ist: Je ausgereifter und verbreiteter eine Technologie ist, desto besser verstehen wir zwar, wie wir sie am besten regulieren können. Je mehr sie Teil unseres Alltags wird, desto schwieriger wird es jedoch auch, Regeln für sie durchzusetzen.

Was bedeutet das für die Praxis? Zunächst müssen wir uns eingestehen, dass wir technologische Entwicklungen nur bis zu einem gewissen Grad vorhersehen können. Regulierung wird deshalb immer hinterherhinken. Der rasante Aufstieg großer Sprachmodelle und generativer KI, der beim Anfang des EU-Gesetzgebungsprozesses für künstliche Intelligenz noch nicht abzusehen war, illustriert das. Aber es ist in der Regel einfacher, neue Entwicklungen in ein bestehendes Gesetzgebungsverfahren einzuarbeiten, als komplett bei Null anzufangen.

Gleichzeitig hat der jahrelange Prozess rund um den *AI Act* gezeigt, wie wichtig es ist, die Zivilgesellschaft in Diskussionen einzubeziehen. In der EU könnte dies wieder in einem interdisziplinären Fachgremium geschehen. Wichtig wäre, bei der Besetzung auf ein ausgewogenes Verhältnis seiner Mitglieder zu achten. Es braucht Klarheit: Forschende und Firmen müssen wissen, was sie dürfen, was nicht, und was nur unter bestimmten Umständen. Ein risikobasierter Ansatz für Neurotechnologie, ähnlich dem *AI Act*, könnte einen guten Rahmen bieten. Und schließlich ist es in meinen Augen auch an der Zeit, mehr Transparenz über Forschungsprojekte einzufordern, insbesondere vor dem Hintergrund, wie viel Spitzenforschung mittlerweile hinter den verschlossenen Türen großer Technologiekonzerne stattfindet.

Technologiestandort Europa

Regeln und Pflichten sind das eine. Ganz wie bei der KI sollten demokratische Staaten die Entwicklung ethisch vertretbarer oder, wenn man diesen Begriff recyclen will, «vertrauenswürdiger» Neurotechnologien daneben aber auch gezielt fördern. Dafür müssen in der EU zunächst bürokratische Hürden abgebaut werden. Diese sind, wie ich bei meinen Recherchen immer wieder feststellen musste, für Unternehmen und Forschende oft vor allem dann ein Hindernis, wenn es um den Transfer von Forschung in Anwendungen geht. Das führt nicht selten dazu, dass Know-how und damit indirekt auch öffentliche Gelder ins Ausland abfließen.

So hörte ich vom Geschäftsführer eines deutschen Neurotechnologie-Unternehmens, dass seine Firma ein Jahrzehnt lang Millionen Euro an öffentlichen EU-Geldern für Grundlagenforschung erhalten hatte. Als es aber um die erste klinische Machbarkeitsstudie ging, führte das Unternehmen diese in den USA durch: Denn während der Antrag der Firma bei der europäischen Zulassungsbehörde schier endlos feststeckte, hatte sich ihr amerikanisches Pendant sofort zurückgemeldet, einige Änderungen am Studiendesign verlangt und innerhalb weniger Monate grünes Licht gegeben. Für die Entwicklung von Neurotechnologien seien «die USA heute für klinische Studien wesentlich attraktiver als Europa», so der Manager. Deshalb, so war er überzeugt, würden in den nächsten Jahren «innovative Anwendungen von Neurotechnologie vor allem in den USA entstehen und erst später nach Europa zurückkommen». Und, so fügte er mit Resignation in der Stimme hinzu, «für mich als Europäer fühlt sich das einfach falsch an».

Es gibt gute Gründe, warum klinische Studien vor ihrer Zulassung hohe Hürden nehmen müssen. Daran sollte grundsätzlich nicht gerüttelt werden. Gleichzeitig scheint es doch an der Zeit, diese Prozesse zu beschleunigen und unnötige Bürokratie abzubauen.

Daneben hat die EU einen zweiten Hebel noch fester in der Hand: ihre Milliarden an Fördergeldern. Bei deren Vergabe sollte Brüssel noch genauer darauf achten, dass sie tatsächlich in die Forschung und Entwicklung «vertrauenswürdiger» Technologie fließen. Das könnte damit beginnen, dass die EU *ethics by design*-Standards für Neurotechnologie erarbeitet und die Förderung an solche Auflagen knüpft. Dazu könnten Transparenzpflichten gehören oder verpflichtende Mechanismen wie eine Art technische «Notbremse», mit der Menschen Neurotech-Geräte jederzeit abschalten können, auch wenn diese in ihr Gehirn implantiert wurden. Ansonsten droht auch hier, was die Analystin Gemma Galdón-Clavell im Kontext von KI-Förderung als «Silicon Valley-Nachahmung» beschrieb: Öffentliche Gelder könnten in Projekten versickern, die vor allem Technologie aus Übersee nacheifern und wenig dazu beitragen, eine echte Alternative zu schaffen.

Ein Leben im Neurokapitalismus

So sehr wir Regulierung brauchen – sie hat ihre Grenzen. Gute Regulierung schafft Leitplanken und definiert rote Linien. Innerhalb dieses Rechtsrahmens jedoch sollte die finale Entscheidung darüber, welche Technologie wir nutzen, bei uns liegen.

Das gilt auch und besonders für Neurotechnologie: Wir müssen das letzte Wort darüber behalten, wieviel unseres Denkens wir ihrem Zugriff aussetzen möchten und was damit gemacht wird. Diese Aufgabe kann und sollte ein Staat niemals übernehmen. In den nächsten Jahren werden wir vor immer mehr solcher Entscheidungen stehen. Die Fähigkeit, sie informiert zu treffen, wird immer wichtiger werden. Denn für das Geschäftsmodell des «Überwachungskapitalismus» stellen unsere Gehirndaten und alle weiteren Einblicke, die *Mind-Reading AI* daraus ableitet, eine Goldmine dar. Weltweit lassen sich erste Tendenzen beobachten, wie Unternehmen damit beginnen, sie auszuwerten. Zunehmend wird die Entwicklung von Neurotechnologie deshalb auch getrieben werden von den Fliehkräften des Marktes und Risikokapitals.

So bricht nach dem Überwachungs- und Dopamin-Kapitalismus nun an, was Miriam Meckel 2018 in ihrem Buch *Mein Kopf gehört mir* vorhersagte: ein Zeitalter des «Neurokapitalismus», eine «Zeit, in der Möglichkeiten im Leben gänzlich von der eigenen kognitiven Leistungsfähigkeit abhängen»[14] und in der unsere Gehirndaten zur Ware werden, mit der profitorientierte Firmen handeln.

Dieser Prozess lässt sich nicht aufhalten. In den nächsten Jahren werden wir mehr und mehr Angebote für Geräte und Software erhalten, die versuchen, unser Denken zu entschlüsseln. Und wir werden uns entscheiden müssen, ob wir uns darauf einlassen oder nicht. Der Rest dieses Buches erklärt, wie das geht.

8
KI-Kompetenz
Wie wir einen gesunden Umgang entwickeln

• *Cabo Raso, Argentinien*

Am Morgen nach meiner Ankunft im Geisterdorf Cabo Raso wache ich früh auf. Ich mache mir einen Kaffee und setze mich auf einen Stuhl vor die Herberge. Noch leuchten am Himmel vereinzelt ein paar Sterne. Ein bisschen, so geht es mir durch den Kopf, lässt sich unser Verständnis des Gehirns mit dem vergleichen, was wir über unser Universum wissen: Über das letzte Jahrhundert hat die Forschung immer besser verstanden, wie es funktioniert – und doch wissen wir angesichts seiner Komplexität noch wenig darüber, was genau in seinen Tiefen vor sich geht.

So wie die Astronomie mithilfe von Teleskopen immer besser darin wurde, Himmelskörper zu erkennen, verstehen die Neurowissenschaften dank bildgebender Verfahren inzwischen recht gut, welche Bereiche des Gehirns wofür zuständig sind. So wie wir immer besser verstanden haben, wie sich dort draußen neue Sterne bilden, wissen wir, dass in Momenten wie diesem, in denen ich über komplexe Sachverhalte nachdenke, ein Bereich an der Stirnseite meines Gehirns aktiv ist. Aber sobald es um Fragen geht, was genau auf der Ebene der Milliarden Neuronen passiert, geht es uns wie der Astrophysik bei der Erforschung des Universums: Es gibt verschiedene Theorien, aber wenig abschließende Antworten. Unser Wissen bleibt «größtenteils bruchstückhaft», schreibt der Neurowissenschaftler Christopher Summerfield, der an der Universität von Oxford und für Google DeepMind forscht.

Summerfield vergleicht den Forschungsstand der Neurowissenschaften mit dem *Divide and Conquer*-Paradigma aus der Computerwissenschaft: einem Prinzip, das Forschende anwenden, wenn sie vor einem scheinbar unlösbaren Problem stehen. Sie zerlegen es so lange in einfachere Teilprobleme, bis sie diese mit den ihnen zur Verfügung stehenden Methoden lösen können. Dann führen sie diese Teillösungen wieder zusammen, um das größere Problem anzugehen.

Beim Versuch, unsere Intelligenz zu ergründen, steckten die Neurowissenschaften immer noch mitten in der ersten *Divide*-Phase, so Summerfield: Noch sei es nicht gelungen, aus den Erkenntnissen über einzelne Teilprobleme «plausible und übergreifende Prinzipien für intelligentes Verhalten zu identifizieren»[1]. Wir verstehen mittlerweile vieles über unsere Intelligenz, aber noch nicht das große Ganze.

Kaum etwas veranschaulicht dies besser als die Frage nach unserem Bewusstsein: jener schwer in Worte zu fassenden subjektiven Fähigkeit, uns selbst und unsere Umwelt wahrzunehmen; dieser eigenartige Hang dazu, über unsere Existenz und die Welt um uns herum nachzudenken. Manchen gilt dieses Bewusstsein als Dreh- und Angelpunkt unserer Intelligenz. Was es ist und woher es kommt, beschäftigt nicht nur die Neurowissenschaften, sondern seit langem auch andere Disziplinen wie die Philosophie und Theologie, die im Laufe ihrer Geschichte gerne von der «Seele» gesprochen haben.

Woher stammt unser Bewusstsein also? Irgendwie muss es, soweit ist sich die Forschung einig, mit dem Gehirn zusammenhängen: Denn immer wieder stellt man bei Menschen, deren Gehirne durch Unfall oder Krankheit beschädigt wurden, Veränderungen des Bewusstseins fest. Entsteht es also ganz oder teilweise irgendwie aus dem Gewirr der vielen Neuronen im Inneren unseres Schädels heraus? Wenn ja, wo und wie? Und ließe es sich eines Tages vielleicht sogar künstlich erzeugen? Oder existiert dieses Bewusstsein doch irgendwie unabhängig von unserem Körper – auf eine Weise, die sich unserem Verständnis entzieht?

Darüber gibt es heftige Debatten und die verschiedensten Theorien. Aber die einzig ehrliche Antwort, die man zu diesem Zeitpunkt geben kann, lautet: Wir wissen es, wie viele Dinge über unsere Intelligenz, noch nicht.

Oblomows Erben

Mittags stapfe ich über die Millionen von angeschwemmten Muscheln am Strand. Bruno hatte mir von einer Kolonie von Seelöwen erzählt, die mit ihren Jungtieren weiter südlich an der Küste leben. Ich solle zum Schiffswrack laufen und dann weiter am Wasser entlanggehen, und irgendwann würde ich bei ihnen ankommen. Als ich fragte, woran ich sie erkennen würde, lachte er. Das würde ich schon.

Nach anderthalb Stunden höre ich die ersten Schreie. Als ich um das Ende einer Landzunge biege, sehe ich Hunderte, vielleicht Tausende von riesigen Robben, die das Ufer der Bucht vor mir besiedeln. Noch mehr Tiere recken ihre Köpfe aus dem Wasser. Es muss die größte Gruppe von Säugetieren sein, die ich als Großstädter in freier Wildbahn gesehen habe. Einige der gigantischen Tiere schauen mich aus den Augenwinkeln an und ignorieren mich anschließend wieder. Im Gegensatz zu den Orcas draußen im Meer stelle ich offenbar keine Gefahr dar.

Umgekehrt ist es genauso, rede ich mir zumindest zu: So flink die wuchtigen Robben mit ihren scharfen Zähnen im Wasser sind, so plump bewegen sie sich an Land. Ich setze mich auf einen Felsen. Eine Stunde lang sitze ich da und beobachte, wie Tiere von der Jagd aus dem Wasser kommen, andere sich grunzend streiten, wie Muttertiere sich an ihre Kälber schmiegen und sich andere mit ausgestreckten Flossen den Bauch sonnen.

Was sie dabei wohl denken? Über die Intelligenz von Tieren wissen wir noch weniger, als über unsere eigene. Soviel aber scheint sicher: Kein anderes Lebewesen auf dieser Erde entwickelt Technologie, mit der es die eigene Intelligenz nachahmen will. Und kein anderes Lebewesen versucht, die Gedanken seiner Artgenossen künstlich auszulesen.

Unser Verhältnis zur Technologie ist einzigartig: Sie hat maßgeblich dazu beigetragen, dass wir Menschen zur dominierenden Spezies dieses Planeten wurden. Innovative Werkzeuge haben es unseren Vorfahren ermöglicht, sich gegen Fressfeinde zu verteidigen, sesshaft zu werden, Landwirtschaft zu entwickeln, komplexe Gesellschaften zu bilden, die Welt zu erkunden und Krankheiten auszurotten. Gleichzeitig haben dieselben Werkzeuge aber auch zu mörderischen Kriegen und zur Ausbeutung von Menschen, Tieren und den Ressourcen unseres Planeten geführt. Technologie ist eben nicht per se gut oder böse. Wie wir sie einsetzen, liegt an uns. Das gilt für die KI-Technologie, die wir schon heute nutzen, genauso wie für die nächste Generation von Anwendungen, die bald treffsicherer denn je analysieren werden, was wir denken und fühlen.

Im Laufe meiner Recherche habe ich rekonstruiert, wie sich der Aufstieg solcher *Mind-Reading AI* über das letzte Jahrzehnt als – nicht immer lineare – Entwicklung angekündigt hat: von den *Deep-Learning*-Algorithmen, die sich unsere Wünsche und Vorlieben statistisch erschließen, über Programme mit dem Ziel, Rückschlüsse auf unsere Emotionen oder Persönlichkeiten zu ziehen, hin zu *Virtual Reality*-Brillen und *Wearables,* die unsere Körperdaten auswerten und darauf reagieren. Dieser Prozess ist schon heute nicht spurlos an uns vorbeigegangen: Schon heute öffnen wir, statt bewusst ein Buch zu lesen oder vor die Tür zu gehen, immer öfter Instagram oder TikTok und lassen deren Algorithmen entscheiden, was wir sehen. Schon heute lassen wir uns die Welt da draußen immer öfter von Technologie kuratieren und filtern, statt sie selbst zu erkunden.

In diesem Sinne ist die «Oblomowisierung», vor welcher der Hirnforscher Niels Birbaumer auf der Fachkonferenz in Berlin warnte, längst im Gange. Als moderne Version des phlegmatischen Adligen aus dem Roman vermeiden wir schon heute zunehmend Entscheidungen, weil wir sie an Technologie delegieren können und das bequemer ist. Die schiere Zeit, die wir mittlerweile im Internet verbringen, illustriert das: Ganze 71 Stunden pro Woche sind Menschen in Deutschland mittlerweile online. Bei den 18- bis 39-Jährigen sind es sogar 93 Stunden, mehr als 13 Stunden pro Tag.[2] Sie verbringen den größten Teil ihrer wachen Zeit im Netz. Sollte sich diese Entwicklung fortsetzen, könnten wir in einigen Jahren rund um die Uhr online sein.

Diese Flucht in digitale Räume wird immer attraktiver, je ausgereifter virtuelle Realitäten werden und je individueller sie auf unsere Bedürfnisse zugeschnitten sind. Gleichzeitig fallen uns Offline-Momente, in denen wir nicht von Reizen überflutet werden und Entscheidungen selbst treffen müssen, immer schwerer. So rutschen wir kollektiv in eine zunehmend passive Konsumhaltung und lassen uns berieseln, während wir die Informationen, die wir sehen, immer oberflächlicher verarbeiten.

Das ist eine verständliche, normale Reaktion unseres Körpers und Geists auf Umweltbedingungen, die sich wieder einmal in der Menschheitsgeschichte grundlegend verändern. Aber ist es auch eine gesunde, nachhaltige Entwicklung? Viele Fachleute haben ernste Zweifel.

Die Gedanken sind frei

Bei meiner Rückkehr macht Bruno eine Bemerkung, die mir im Gedächtnis bleiben wird. Ich finde ihn in der kleinen Werkstatt neben der Herberge, wo er Metallteile zusammenschweißt. Aus einem alten Daihatsu-Radio scheppert Musik. Ich erzähle ihm, wie schwer mir das Abschalten fällt und wie mein Gehirn von einem Gedanken zum nächsten springt. Bruno grinst. Ihm gehe es auch oft so, sagt er. Drei Tage die Woche arbeitet er als Barkeeper in einem Surferdorf drei Autostunden weiter im Norden. Jedes Mal, wenn er nach Cabo Raso zurückkehrt, brauche er einen Tag, um umzuschalten. Aber dann «kehrt Ruhe ein», und seine Gedanken kreisten um das Leben hier, um die Reparaturarbeiten, das Kochen, die Betreuung der Gäste und das Zeichnen seiner Illustrationen, wenn die Arbeit des Tages geschafft ist. Sein Smartphone und die digitale Welt da draußen vergesse er.

Wie er das mache, frage ich ihn. Und wie bei vielen Fragen, die ich ihm stelle, lacht er. «Ich entschließe mich dazu», antwortet er.

Danach sitze ich vor der Herberge. Neben mir döst Simba, der alte Border Collie-Mischling, der sein ganzes Leben hier in Cabo Raso verbracht hat. Meine Gedanken sind bei meinem Vater, der im Jahr zuvor an den Folgen einer Krebserkrankung verstorben war. Mir kommt ein Lied in den Kopf, das er mit meinen Schwestern und mir Anfang der 1990er Jahre sang, wenn er uns abends ins Bett brachte: *Die Gedanken sind frei.* Das Volkslied entstand um 1800. Bekannt ist heute vor allem die Version, die der Germanist August Heinrich Hoffmann von Fallersleben 1842 veröffentlichte. Mein Vater kannte das Lied aus den 1970er Jahren, als es Liedermacher wie Pete Seeger in ihre Programme aufnahmen. «Kein Mensch kann sie wissen», heißt es darin über unsere Gedanken. Selbst in Momenten der größten Unterdrückung, so die zentrale Botschaft, bleibt unser Denken ein geschützter Ort, über den nur wir selbst die Kontrolle haben. Denn «es bleibe dabei: Die Gedanken sind frei.» Es war ein tröstlicher Gedanke.

Dreißig Jahre später macht der Aufstieg der *Mind-Reading AI* unser Denken transparenter als je zuvor. Gleichzeitig fesselt uns die Technologie immer mehr an sich. Und Fachleute wie die Psychiaterin Anna Lembke warnen, dass sich unser suchtähnlicher Umgang in den nächsten Jahren weiter verstärken wird, je besser die Programme unser Denken verstehen.

Haben wir den Kampf also vielleicht schon verloren? Am Ende meiner Recherchen bin ich überzeugt: Nein. Denn unser Gehirn ist ziemlich großartig. Im Laufe unseres Lebens programmiert es sich, bildlich gesprochen, immer wieder um. Als Reaktion auf neue Erfahrungen stärkt oder schwächt es Verbindungen, oder es schafft ganz neue. Man kann sich sein Inneres ein wenig wie eine Landkarte vorstellen, auf der die Grenzen im Laufe des Lebens immer wieder neu gezogen werden. Zwar wird diese Kartographie mit dem Alter starrer. Trotzdem bleiben unser Gehirn und unser Handeln in der Lage, sich weiterzuentwickeln. «Neuroplastizität» nennt die Forschung das. Dabei gilt, vereinfacht gesagt: Je öfter wir etwas machen, desto stärker werden die Verknüpfungen. Deshalb entwickeln wir im Laufe des Lebens Gewohnheiten, gute wie schlechte, und leider auch Abhängigkeiten. Aber dank dieser Neuroplastizität können wir uns diese auch wieder abgewöhnen und sie durch gesündere Routinen ersetzen.

So können wir immer noch das Ruder rumreißen. Wir können uns, wie Bruno sagte, für einen gesunden Umgang entscheiden und uns diesen antrainieren. Wir haben es selbst in der Hand, unser Denken und Handeln umzukodieren.

Die RE•C•O•DE-Methode

Der Rest dieses Kapitels stellt dafür eine Methode vor, die ich in Anlehnung an das englische Verb *to recode* (umkodieren) mit dem Akronym *RECODE* bezeichne. Sie gliedert sich in vier Schritte – *reflect* (reflektieren), *change* (ändern), *organize* (organisieren) und *detach* (Abstand gewinnen) – und liefert eine Anleitung, wie man die eigene Technologie-Nutzung analysieren und nachhaltiger gestalten kann.

Konkret spielen wir das einmal am Beispiel unserer Smartphones durch. Denn kein Gerät hat eine zentralere Rolle in unserem Leben eingenommen. Kein Device bringt uns schon heute häufiger in bewusste oder unbewusste Interaktion mit KI. Ein gesunder Umgang mit digitalen Technologien fängt daher beim Smartphone an. Anschließend lässt sich die Methode auf alle digitalen Technologien unserer Zeit anwenden. Gleichzeitig liefert sie eine solide Grundlage, um sich für das anbrechende Zeitalter der *Mind-Reading AI* zu rüsten.

Die folgenden Tipps basieren auf aktueller Forschung sowie über einem Dutzend Gesprächen mit Fachleuten. Allerdings gilt erneut: Unsere Gehirne sind so verschieden wie unsere Gesichter. Manche Ratschläge wirken bei einigen besser als bei anderen. Gleichzeitig sind sie als Empfehlungen für Menschen gedacht, die nicht an einer psychischen Erkrankung leiden. Wer das Gefühl hat, die Kontrolle über seine mentale Gesundheit zu verlieren, sollte professionelle Hilfe suchen. Oft sind Hausärzt:innen dafür die beste erste Anlaufstelle.

Schritt 1 – RE: Reflect

Ganz am Anfang steht eine Analyse unseres Nutzungsverhaltens. Es geht darum, offenzulegen, wie sehr Technologie unser Leben heute schon beeinflusst; ob wir verstehen, wie sie das macht; und inwieweit wir dabei riskieren, die Kontrolle zu verlieren.

Selbstbeobachtung: Zunächst sollte man dafür den eigenen Medienkonsum einen Tag lang bewusst beobachten und am besten einmal aufschreiben. Im Falle des Smartphones bedeutet das, sich zu fragen: Wann schaue ich morgens das erste Mal auf mein Handy? Wie beeinflusst das meine Stimmung? Wie fühle ich mich, wenn das Gerät längere Zeit nicht in meiner Nähe ist? Und wie oft ertappe ich mich dabei, dass ich es unbewusst in die Hand nehme? Die meisten von uns werden feststellen, dass sie ihr Smartphone quasi ununterbrochen mit sich herumtragen und immer wieder auf den Bildschirm schauen. Gleichzeitig haben wir Routinen etabliert, um es ständig griffbereit zu haben.

Und was, wenn nicht? Macht sich dann Unruhe oder gar Panik breit? Verengt sich mein geistiger Fokus so sehr, dass es mir schwerfällt, an etwas anderes zu denken? Und gelingt es mir immer weniger, mich an anderen Dingen zu erfreuen – auch solchen, die mir früher viel Spaß gemacht haben? Je mehr dieser Fragen wir mit «Ja» beantworten können, desto wahrscheinlicher ist es, dass wir einen suchtähnlichen Umgang mit dem Smartphone entwickelt haben.

Anschließend gilt es, diese Beobachtungen zu differenzieren: Denn es sind nicht unsere Smartphones allein, die unsere Aufmerksamkeit in Beschlag nehmen. Sie tun das im Wechselspiel mit bestimmter Software. Um zu verstehen, mit welchen Apps wir besonders viel Zeit verbringen, helfen die vorinstallierten

Bildschirmzeit-Statistik-Programme, die auf Android-Geräten *Digital Wellbeing* und bei iOS «Bildschirmzeit» heißen.

Schließlich sollten wir analysieren, mit welchen typischen Situationen aus der analogen Welt unsere Smartphone-Routinen verknüpft sind: Wann öffne ich besonders oft die «Dopamin-Fabriken» auf meinem Handy? In Momenten der Langeweile? Der Nervosität? Des Grübelns? Es geht darum, eingespielte Muster zu erkennen. Denn je besser man diese im Blick hat, desto eher ertappt man sich dabei, wenn man in sie zurückfällt und kann umschalten – wie ich auf der Terrasse in Buenos Aires, als ich merkte, dass ich unbewusst mein Smartphone aus der Hosentasche genommen und TikTok geöffnet hatte.

Know-how-Check: Als nächstes sollte man sich kritisch fragen, ob man im Großen und Ganzen begreift, wie diese Programme funktionieren. Verstehe ich, wie die Apps meine Aufmerksamkeit einnehmen und warum sie mich so gut zu verstehen scheinen? Das Prinzip lässt sich mit dem englischen Begriff *AI literacy* oder auf Deutsch als «KI-Kompetenz» zusammenfassen: Nur, wer die Wirkungsweise einer Technologie kennt, kann sie bewusst verwenden. Dabei geht es nicht darum, technisch jeden Schritt nachzuvollziehen, sondern mit den grundlegenden Mechanismen vertraut zu sein und über Risiken Bescheid zu wissen. Wer Strom nutzt, muss nicht verstehen, wie dieser in einem Kraftwerk erzeugt wurde. Aber man sollte wissen, warum man Strom sparen sollte und inwiefern ein falscher Umgang gefährlich werden kann.

Konkret heißt das: Wer durch TikTok oder Instagram scrollt, sollte eine grobe Ahnung davon haben, warum der Algorithmus einen so gut zu kennen scheint und warum es einem oft so schwerfällt, das Handy wieder wegzulegen. Dasselbe gilt für *Virtual Reality*-Headsets und Trips in digitale Welten wie das *Metaverse* –

erst recht, wenn sie mit *Wearables* verknüpft sind und unsere Körperfunktionen analysieren. Die gute Nachricht: Nach der Lektüre dieses Buches ist das allermeiste geschafft. Um das Wissen aufzufrischen, kann man es immer wieder zur Hand nehmen.

Autonomie-Check: Zuletzt geht es um die Frage, ob wir selbstbestimmt entscheiden können, wann und wie wir die Technologie nutzen und Daten mit ihr teilen. Bei unseren Smartphones ist das weitgehend der Fall. Zwar fällt es uns aufgrund von Gewöhnung und eines teils suchtähnlichen Konsums immer schwerer, sie aus der Hand zu legen, zu Hause zu lassen oder gar auszuschalten. Aber theoretisch haben wir diese Wahl. Dasselbe gilt für den allergrößten Teil der Technologien, die wir heute nutzen.

Je mehr Programme allerdings in den nächsten Jahren direkt auf unsere Gehirndaten zugreifen werden, umso schwieriger wird diese Frage zu beantworten sein. Gehirn-Computer-Schnittstellen sind das wohl eindrücklichste Beispiel: Sobald mir ein Gerät in den Schädel eingefügt wird, kann ich dieses anschließend selbst nicht mehr ohne weiteres entfernen. Ich gebe Kontrolle ab und verlasse mich auf das Versprechen der Hersteller, mein Vertrauen nicht zu missbrauchen. In solchen Situationen gilt es, Vorteile gegenüber Risiken abzuwägen. Für Menschen, denen die Technologie Erleichterung von schweren psychischen Leiden verspricht wie der Depressions-Patientin Sarah aus Kapitel 6, überwiegen die Vorteile. Bei gesunden Menschen hingegen rechtfertigen sie meines Erachtens die Risiken nicht, zumindest noch nicht.

Anders sieht es bei nicht-invasiven Headsets aus, die keine chirurgischen Eingriffe verlangen. Bei ihnen steht es uns jederzeit frei, das Gerät wieder abzuziehen. Gleichzeitig gibt es viel zu gewinnen: So weisen erste Studien darauf hin, dass ein Training mit den Geräten dazu beitragen könnte, die Leistungsfähigkeit des

Gehirns bis ins hohe Alter besser zu erhalten.[3] Meines Erachtens spricht hier nichts gegen eine bewusste Nutzung.

Und was ist mit den bidirektionalen, nicht-therapeutischen Geräten von morgen, die irgendwann in unser Gehirn schreiben werden? Die Neurotechnologie, die uns auf Knopfdruck ein besseres Gefühl gibt, beim Einschlafen hilft oder den Jetlag verschwinden lässt? So verlockend diese Aussichten auch sein mögen, würde ich hier große Vorsicht walten lassen: Alle psychiatrischen Fachleute, mit denen ich gesprochen habe, haben sich zutiefst besorgt geäußert, was einen möglichen Kontrollverlust betrifft.

Schritt 2 – C: Change

Zurück zur Gegenwart und unseren Smartphones: Wer seinen Konsum auf die Aspekte aus Schritt 1 hin analysiert, wird meist feststellen, dass das Gerät inzwischen oft die eigene Aufmerksamkeit lenkt und nicht umgekehrt. Das ist der falsche Umgang. Um ihn zu ändern, gilt es zunächst, eingefahrene Routinen zu durchbrechen und den Konsum gezielt zu reduzieren. Schritt 2 der RECODE-Methode erklärt, wie das geht.

Gegengift: Zunächst heißt es, die Reize zu minimieren, die uns immer wieder aufs Smartphone schauen lassen. Einer der effektivsten Tricks, die sich die Tech-Industrie dafür ausgedacht hat, sind Push-Benachrichtigungen: die kleinen Infoboxen, die auf dem Display aufploppen und uns mitteilen, dass etwas Neues passiert ist. Dabei lassen sie so viel aus, dass wir mehr wissen wollen und die entsprechende App öffnen. So kapern sie die tolle Eigenschaft unseres Gehirns, sich für Neues zu interessieren. Mit jedem einzelnen «Ping» wecken sie unsere Neugier. Gleichzeitig sorgt, so eine gängige Hypothese, jeder dieser kleinen Momente des «Haben-

Wollens» für einen Dopamin-Kick. Jedes Mal wird allem Anschein nach das Belohnungssystem unseres Gehirns aktiviert und das Auf und Ab von Dopamin-Überschuss und -Defizit, vor dem die Psychiaterin Lembke warnt, geht aufs Neue los.

Über das letzte Jahrzehnt hinweg ist die Anzahl von *Notifications* besorgniserregend in die Höhe geschnellt. Laut einer Studie der gemeinnützigen US-Einrichtung Common Sense Media erhalten US-Teenager zwischen elf und siebzehn Jahren im Durchschnitt mittlerweile jeden Tag 237 solcher Benachrichtigungen.[4] Eine so hohe Taktung an Reizen macht es für unser Gehirn immer schwieriger, diese zu verarbeiten. Es kommt zu einer Reizüberflutung. Aus Lust auf Neues wird Stress. Es fällt uns schwerer, uns zu konzentrieren. Wir werden weniger produktiv und, auch das zeigen Studien, weniger zufrieden und schneller krank. Ich bin deshalb überzeugt, dass Pushnachrichten Gift für einen ausgeglichenen Geisteszustand sind. Man sollte sie abschalten, wann immer das geht – egal ob auf dem Smartphone, einem Tablet oder einem der neuen immersiven Headsets.

Das beste Gegenmittel ist der «Do not disturb»-Modus, der alle Benachrichtigungen bis auf diejenigen ausgewählter Personen zum Schweigen bringt. Außerhalb meiner Arbeitszeit ist er zur Standardeinstellung auf meinem Smartphone geworden, die ich nur dann deaktiviere, wenn ich auf einen dringenden Anruf warte. Stattdessen schaue ich etwa einmal pro Stunde auf mein Handy, um zu sehen, was passiert ist. Nach ein paar Jahren kann ich sagen: Obwohl ich in einer der schnelllebigsten Branchen der Welt arbeite, reicht das aus.

Distanz: Daneben ist es wichtig, wortwörtlich Abstand zwischen uns und unseren Geräten zu schaffen. So haben Forschende schon 2017 gezeigt, dass die bloße Anwesenheit unseres Smartphones unsere kognitive Leistungsfähigkeit negativ beeinflusst. In einem

Experiment konnten sich Versuchspersonen deutlich besser konzentrieren, wenn ihr Handy im Nebenraum lag statt sichtbar an ihrer Seite.[5]

Über keinen Ort haben wir mehr Kontrolle als das eigene Zuhause. An keinem Ort verbringen wir, abhängig von unseren Lebensumständen, mehr Zeit. Und an keinem Ort können wir uns besser von äußeren Reizen abschirmen. Selbst auf kleinem Raum lassen sich dort unsichtbare Grenzen etablieren, um Abstand zwischen uns und bestimmten Technologien zu schaffen. So kann man das Schlafzimmer als internetfreie Zone erklären und sich statt vom Smartphone von einem analogen Wecker wecken lassen. Generell ist es ratsam, immer nur ein Gerät zu benutzen und *second screen*-Verhalten zu vermeiden. Ich habe mir zum Beispiel angewöhnt, mein Handy in der Küche aufzuladen, während ich im Wohnzimmer am Laptop schreibe.

Die Psychiaterin Lembke nennt solche Maßnahmen in Anlehnung an ihre Arbeit mit suchtkranken Menschen *self-binding strategies* (Strategien der Selbstbindung): Sie geben uns in Momenten des *Craving* zusätzliche Zeit, um dem Verlangen zu widerstehen. Solche Strategien seien beim Umgang mit jeder Sucht wichtig, so Lembke. Beim Smartphone, das wie kaum ein anderes Suchtmittel ständig verfügbar ist, seien sie besonders entscheidend.

Digital-Fasten: Um eine exzessive Smartphone-Nutzung zu durchbrechen, die sich über Jahre eingeschlichen hat, kann man sich dann und wann auch ganz von dem Gerät trennen. Das kann damit beginnen, in der Mittagspause einen fünfzehn- oder besser dreißigminütigen Spaziergang ohne Handy einzuplanen. Wer es zeitlich einrichten kann, dem empfiehlt Lembke auch längere Phasen des «intermittierenden digitalen Fastens». Dabei verzichtet man für 8, 12 oder 24 Stunden auf das Handy. Die Idee dahinter ist, aus dem Kreislauf aus ständigen Dopamin-Schüben und -Defiziten für eine Weile auszubrechen, um zu verstehen, wie sehr dieser das eigene Denken beherrscht. Es ist erstaunlich, welche Ausreden und scheinbar schlüssige Erklärungen sich das Gehirn dabei ausdenkt, warum es doch schon an der Zeit wäre, dieses «Fasten» vorzeitig zu beenden. So funktionieren Gewöhnung und Abhängigkeit eben.

Alle, die sich einen längeren *digital detox* («digitalen Entzug») wie ich in Cabo Raso leisten können, können auch davon unglaublich profitieren. In den letzten Jahren ist eine ganze Industrie entstanden, die Seminare zum Thema anbietet, und das teilweise zu horrenden Preisen. In meinen Augen braucht man diese Veranstaltungen nicht unbedingt. Es reicht, wenn man sich bewusst allein oder mit vertrauten Personen in eine Umgebung begibt, in der kein Internetzugang mehr möglich ist. Dafür muss man nicht ans Ende der Welt. Ein Wochenende auf dem Land reicht auch.

Genauso wichtig ist es, nach solchen Auszeiten das Gelernte in den Alltag zu integrieren. Denn wie bei einer Diät besteht die Gefahr, dass nach dem digitalen Entzug ein Jojo-Effekt einsetzt und man in alte Muster zurückfällt. Es gilt zu entscheiden, wann man auf Technologie verzichten kann – und wann man sie gezielt nutzen möchte.

Schritt 3 – O: Organize

Auch wenn manche Medien etwas anderes schreiben: Unsere Smartphones und ihre Apps sind kein «digitales Crack» oder «digitales Heroin». Derart harte Drogen machen Menschen extrem abhängig, psychisch wie körperlich. Nur wenige Betroffene schaffen es, langfristig wieder davon loszukommen. Ein moderater Konsum gilt als nahezu unmöglich. Damit sind sie grundlegend anders als unsere Smartphones. Denn ja, auch sie aktivieren das Belohnungssystem unseres Gehirns. Aber ihr Abhängigkeitspotential ist ungleich niedriger. Und es verdichten sich die wissenschaftlichen Hinweise, dass für die allermeisten Menschen ein kontrollierter, maßvoller Konsum nicht nur möglich, sondern auch erstrebenswert ist. Im dritten Schritt der *RECODE*-Methode geht es darum, wie man die eigene Nutzung entsprechend organisiert.

Mesotes reloaded: Hier kommen wir zurück zu Aristoteles und seiner *Mesotes*-Theorie. Für den griechischen Philosophen, wir erinnern uns, lag das Geheimnis richtigen Handelns in der goldenen Mitte zwischen zwei Extremen. Über 2300 Jahre später legt jüngste Forschung nahe, dass ein Mittelweg zwischen Dauergebrauch und strikter Entsagung auch für digitale Technologien der richtige Ansatz ist.

Denn die Wissenschaft ist mittlerweile weiter als in den 2010er Jahren, als sich Panik breitmachte, dass die massenweise Nutzung von Social Media quasi automatisch zu einer Pandemie seelischer Krankheiten führen würde. Inzwischen wissen wir, dass die Dinge komplexer sind. Zwar beobachten Fachleute weltweit eine Zunahme psychischer Erkrankungen und in einigen Fällen erkennen sie einen Zusammenhang mit sozialen Medien.[6] Die Gefahren sind also real; wir müssen sie diskutieren und dürfen dabei die Firmen nicht aus ihrer Verantwortung entlassen. Aber wir verstehen mittlerweile auch besser, dass es nicht soziale Medien per se sind, die zu psychischen Leiden führen, sondern eine falsche und übermäßige Nutzung. Auslöser können auch traumatische Erfahrungen wie Mobbing oder Belästigungen sein, die Menschen im Internet erleben, oder falsche Körper- und Menschenbilder, die ihnen online vorgelebt werden.[7] Es ist, so wird zunehmend deutlich, nicht die viel beschworene *screen time* (Bildschirmzeit) auf sozialen Medien allein, die sich schädlich auf unser Befinden auswirken kann, sondern das, was währenddessen auf dem Bildschirm passiert.

Ähnliches scheint für Stimmungsschwankungen im nicht-klinischen Bereich zu gelten: Wir alle fühlen uns mal besser und mal schlechter, sind mal mehr und mal weniger motiviert. Auch hier haben Forschende einen Zusammenhang zur Social-Media-Nutzung festgestellt. Aber auch hier scheint die Frage nach dem «Wie» und dem «Wieviel» entscheidend. So zeigten sich in einer groß angelegten Studie unter jungen Menschen in Großbritannien sowohl diejenigen, die soziale Medien so gut wie gar nicht nutzten, als auch diejenigen, die fast ständig auf den Plattformen unterwegs waren, überdurchschnittlich unzufrieden mit ihrem Leben. Diejenigen, die bis zu drei Stunden pro Tag auf den Plattformen verbrachten, bezeichneten sich selbst insgesamt als deutlich zufriedener.[8]

Solche Beobachtungen stützen, was in der psychologischen Fachwelt als «Goldilocks»-Hypothese bekannt ist: Während sowohl ein völliger Verzicht als auch eine sehr intensive Nutzung sozialer Medien negative Auswirkungen auf das psychische Wohlbefinden zu haben scheinen, kann eine moderate Nutzung positive Effekte haben.[9] Denn die Netzwerke können in vielerlei Hinsicht unser Leben bereichern: Sie machen es einfacher denn je, regelmäßigen Kontakt mit Freunden und der Familie zu halten, auch wenn diese am anderen Ende der Welt leben. Sie bringen Menschen mit ähnlichen Interessen oder in ähnlichen Lebenssituationen zusammen, die sich sonst nie getroffen hätten. Nicht zuletzt können sie Menschen, die Minderheiten angehören, ein Gefühl der Zugehörigkeit vermitteln und Halt geben, wie ich es selbst ansatzweise erfahren habe, als ich Ende der 1990er Jahre in den Online-Communities der ersten Internet-Generation Gleichgesinnte fand. Was hätte ich damals für Online-Plattformen gegeben, auf denen Menschen das sprichwörtlich gewordene *It gets better* (Es wird besser) live und in Farbe vorleben. Dass eine jüngere Generation Zugang zu solchen Technologien hat, macht mich glücklich.

Bewusster Konsum: Wie aber findet man einen soliden Mittelweg? Nachdem wir in Schritt 1 und 2 identifiziert haben, wann und wie sich Technologie im Alltag negativ auf unser Befinden auswirkt, sollten wir nun Momente identifizieren, in denen sie unser Leben aufwerten kann – um sie dann gezielt und mit Bedacht zu nutzen.

Ich mag TikTok. Die App zeigt mir Neues. Sie bringt mich zum Lachen, manchmal zum Nachdenken und oft zum Staunen. Aber nach Jahren weiß ich auch, dass ein übermäßiger Konsum irgendwann umschlagen und sich negativ auf meine Stimmung auswirken kann. Deshalb überlege ich mir mittlerweile genau, wie und wann ich sie öffne. So wie ich mich entscheide, an manchen Abenden ins Kino zu gehen, plane ich Zeit ein, während der ich mich durch meinen *For You*-Feed scrolle. Dafür ist Kontext entscheidend: An einem verregneten Winterabend kann das bereichernd sein. Aber will ich meine Aufmerksamkeit der App auch schenken, während um mich herum gerade das analoge Leben in all seiner Schönheit stattfindet? Will ich, während ich an einem Frühlingsmorgen über die Dächer von Buenos Aires schaue, meine Aufmerksamkeit von der App gefangen nehmen lassen?

Es gilt, in sich hineinzuhören: Wenn man spürt, dass beispielsweise Instagram und das Betrachten der inszenierten Leben anderer vor allem negative Emotionen wie Neid, Unmut oder Traurigkeit in einem auslöst, sollte man konsequent das Gerät zur Seite legen. Zwischendurch kann es helfen, im Sinne von Lembkes Selbstbindungs-Strategien die App ganz vom Telefon zu löschen; für manche Menschen kann es auch sinnvoll sein, das Programm prinzipiell nur noch auf dem Laptop statt dem Smartphone oder anderen mobilen Devices zu nutzen. Dasselbe gilt für alle «Dopamin-Fabriken» auf unseren Handys, sei es TikTok, Facebook, Snapchat, X, YouTube oder andere Apps, bei denen man sich durch scheinbar unendlich neue Inhalte scrollen kann.

Ein solcher bewusster Konsum wird umso wichtiger, je mehr wir in den nächsten Jahren immersive Technologien nutzen werden: Jeder, der schon einmal ein VR-Headset auf dem Kopf hatte, weiß, wie anders sich das Erlebnis im Vergleich zum Scrollen auf dem Handy anfühlt und wie viel Spaß es machen kann. Ich freue mich darauf, diese virtuellen Räume in den nächsten Jahren zu entdecken. Gleichzeitig soll und wird mein Leben dort nicht zum Normalzustand werden. Denn das Eintauchen in digitale und immersive Welten des Vergessens wegen löst keine Probleme. Oft verschärft es sie sogar.

Wieviel Zeit sollte man also online verbringen? Eine pauschale Antwort gibt es nicht: die Zeitspanne variiert nicht nur nach individuellen Lebensumständen wie Lebensstil, Wohnort und beruflichen Anforderungen, sondern vor allem auch danach, was genau man während seiner *screen time* macht. Als Richtschnur hat sich für mich bewährt, in der Freizeit vor allem passives Surfen so weit herunterzufahren, dass Offline-Aktivitäten überwiegen.

Digitale Kindheit: So weit zu uns Erwachsenen. Wie aber sieht es mit Kindern und Jugendlichen aus, deren Gehirne noch in der Entwicklung sind? Wer einmal in die leuchtenden Augen von Kleinkindern geblickt hat, die ein Smartphone oder Tablet in die Hand bekommen haben, hat eine Ahnung davon, welche Sogwirkung die Geräte auf sie ausüben. Heranwachsende, da ist sich die Forschung einig, sind besonders empfänglich für deren Dauerreize. Zugleich hinterlässt die Technologie in ihren Gehirnen, in denen sich eine neuronale Kartographie noch ausbildet, besonders starke und starre Spuren, die später schwerer zu korrigieren sind.

Die Verantwortung dafür, Kinder an eine moderate Nutzung digitaler Technologien heranzuführen, liegt bei ihren Erziehungsberechtigten. Fachleute raten, Interaktionen mit Smartphone, Tablet und Co. speziell in den ersten Jahren so gering wie möglich zu halten. So empfiehlt die Deutsche Gesellschaft für Kinder- und Jugendmedizin, Babys unter drei Jahren generell von Bildschirmen fernzuhalten. Kinder zwischen drei und sechs Jahren können in Begleitung von Erwachsenen täglich dreißig Minuten langsam an die Geräte herangeführt werden.

Ein anekdotisches Argument für einen solchen Minimalkonsum in den ersten Jahren liefert eine Beobachtung, die ich während meiner Recherchen mehrfach gemacht habe: Nirgendwo sonst habe ich Eltern erlebt, die ihre Kinder in den ersten Lebensjahren so konsequent von den Einflüssen digitaler Technologien fernhalten wie diejenigen, die selbst in der Tech-Branche arbeiten – und die wohl mit am besten wissen, welche Macht von den Produkten ausgeht, mit denen sie ihr Geld verdienen.

Generation Smartphone: Komplexer wird es, sobald Kinder zu Jugendlichen werden und mit etwa zehn Jahren in die «Adoleszenz» eintreten: die Lebensphase, während der sie sich zunehmend von den Abhängigkeiten der Kindheit emanzipieren und erwachsene Verhaltensweisen entwickeln. In diesen Jahren steigt mit der Neugier auf die Welt auch *peer pressure*: der Gruppenzwang und die Angst vor sozialer Ausgrenzung. Heranwachsende suchen nach ihrem Platz in der Gesellschaft und orientieren sich dabei stark an Gleichaltrigen. Um als Teil ihrer Gruppe akzeptiert zu werden, sind für Jugendliche ab zwölf Jahren ein Smartphone sowie bestimmte Apps mittlerweile de facto zur Voraussetzung geworden: Ab diesem Alter besitzen in Deutschland fast alle Heranwachsenden eines, wie eine Umfrage des Branchenverbandes Bitkom zeigt.

Gleichzeitig verfügen wir heute, da seit dem Beginn der massenhaften Verbreitung internetfähiger Smartphones ein gutes Jahrzehnt vergangen ist, über erste aussagekräftige Informationen über eine «Generation Smartphone»: die Menschen, die jetzt Anfang zwanzig sind und eine Welt ohne Smartphones nie bewusst kennengelernt haben. Diese Daten zeigen einen beunruhigenden Trend: Seit Anfang der 2010er Jahre ist zu beobachten, dass Jugendliche schlechter schlafen und vermehrt über eine Sinnlosigkeit des Lebens klagen. Gleichzeitig haben psychische Erkrankungen wie Angststörungen und Depressionen bei Teenagern in der Altersgruppe signifikant zugenommen.[10]

Gibt es einen Zusammenhang zwischen dem Phänomen und unseren Smartphones sowie sozialen Medien? Manche Fachleute sind skeptisch und warnen davor, aus Daten, die auf Bevölkerungsebene gesammelt wurden, Rückschlüsse auf individuelle Erkrankungen zu ziehen. Andere wie der Sozialpsychologe Jonathan Haidt sehen eine direkte Verbindung. Entscheidend, so Haidt, sei dabei nicht nur, welche Auswirkungen die Technologie selbst auf die Gehirne der Jugendlichen habe. All die Stunden, die sie online verbringen, fehlten ihnen auch an anderer Stelle: Heranwachsende machten heute insgesamt weniger Erfahrungen mit der analogen Welt und in nicht-virtuellen Interaktionen. Diese seien jedoch entscheidend für ihre Entwicklung während ihrer «kulturellen Lehrjahre». Auf diese Weise erklärt Haidt, was er als zunehmend problematisches Verhalten der Generation wahrnimmt – vom Umgang in Freundschaften über Dating-Verhalten bis hin zum Sexualleben.

Und nun? Welche Konsequenzen lassen sich daraus ziehen? Haidt schlägt drastische Maßnahmen vor: kein Smartphone vor vierzehn, kein Social Media vor sechzehn Jahren.[11] Aber so sehr man die Radikalität seiner Forderungen nachvollziehen mag, so unrealistisch scheint mir ihre Umsetzung. Ich halte es für keine

Lösung, Jugendlichen bis zu diesem Alter den Zugang zu verwehren. Denn ob es uns gefällt oder nicht: Das Leben mit dem Smartphone ist ihre Realität, vor der Eltern sie nicht abschirmen können und sollten.

Wann also sollten Heranwachsende ihr erstes Smartphone bekommen und auf Online-Plattformen aktiv werden? Diese Entscheidung hängt von ihrem individuellen Entwicklungsstand und ihrer Persönlichkeit ab und kann nur von ihren Erziehungsberechtigten getroffen werden. Als Leitlinie empfehlen pädagogische Richtlinien, Heranwachsende ab etwa neun Jahren für ein bis zwei Jahre mit einem «gedrosselten» Offline-Smartphone an die Technologie heranzuführen und sie währenddessen für die Risiken der Technologie zu sensibilisieren. Dabei gilt, ihnen klar zu machen, dass alles, was sie online teilen, ein Eigenleben entwickeln kann. Und man muss ihnen erklären, dass wir alle anfällig für eine ungesunde Nutzung dieser Geräte sind, aber sie ganz besonders.

Auch danach sollten sich Eltern weiter für die digitalen Aktivitäten ihrer Kinder interessieren und diese im Auge behalten, ohne ins digitale Schnüffeln zu verfallen. Bemerken sie, dass Jugendliche nicht mehr regelmäßig in die Schule gehen, ihre analogen Hobbys vernachlässigen oder die Freude verlieren an Dingen, die ihnen zuvor viel Spaß gemacht haben, könnten das Hinweise darauf sein, dass sie die Kontrolle über ihren Konsum verlieren. Dann kann es gegebenenfalls nötig sein, professionelle Beratung zu suchen. Im Internet listen verschiedene Fachstellen für Medienabhängigkeit entsprechende Anlaufstellen auf.

Gleichzeitig lässt sich nicht genug betonen, wie wichtig es ist, dass wir Erwachsene Heranwachsenden einen nachhaltigen Umgang mit Technologie vorleben. Dabei helfen zum Beispiel genau definierte Smartphone-freie Zeiten für die ganze Familie. Ich halte eine strikte «Kein Handy am Esstisch»-Regel bei gemeinsamen

Mahlzeiten auch für eine gute Idee. Alles in allem gilt: Eine gesunde Technologienutzung von Kindern fängt bei ihren Eltern an.

Schritt 4 – DE: Detach

Zu guter Letzt ist da noch mehr. Denn auch wenn es in diesem Buch viel um das Scannen und Dekodieren von Gehirnaktivität ging, so ist unser Geist oder *mind* – und damit das, was unser Denken schlussendlich ausmacht – doch so viel mehr als unser Gehirn. Und unser Geist ist mehr als die Gedankenfetzen, die Forschende heute in ihren revolutionären Studien zu entschlüsseln beginnen.

So erinnerte mich der Psychiater Soekadar, der sein Leben der Analyse und Behandlung unseres Gehirns verschrieben hat, in einem unserer Gespräche: «Unser Geist ist nicht nur im Hirn, sondern in allen unseren Interaktionen, in unserer Geschichte.» Er steckt in unserem Bewusstsein, in unserer Wahrnehmung der Welt, in all den Erinnerungen, die wir im Laufe des Lebens sammeln, und in unserem Urteilsvermögen, das wir über die Jahre entwickeln. Vor diesem Hintergrund können und sollten wir digitale Technologien und die Art, wie wir sie nutzen, nicht separat vom Rest unseres Lebens betrachten. Sie steht in Wechselwirkung damit, wie gesund und bewusst wir ansonsten unser Leben führen. In Schritt 4 der *RECODE*-Methode geht es darum, den Blick entsprechend zu weiten.

Das große Ganze: Viele Bücher sind darüber geschrieben worden, was uns gut tut und zufriedener macht. Menschliche Kontakte zu engen Vertrauten scheinen dabei eine ganz entscheidende Rolle zu spielen. Einer seit 1938 laufenden Langzeitstudie der Harvard

Medical School zufolge sind sie gar der wichtigste Faktor für langfristiges Glück.[12] Darüber hinaus listet der Wissenschaftsjournalist Bas Kast in seinem Buch *Kompass für die Seele* eine Vielzahl weiterer Faktoren auf, die sich nachweislich positiv auf unsere mentale Verfassung auswirken. Diese beginnen bei den «körperlichen Voraussetzungen für seelische Gesundheit», einem Dreiklang aus gesunder Ernährung, ausreichender Bewegung und genügend Erholung sowie Schlaf. Um letzteren zu verbessern, sollte man vor dem Schlafengehen generell Dopamin-intensive Aktivitäten vermeiden, einschließlich Social Media-Nutzung oder Trips in virtuelle Umgebungen.

Gleichzeitig, so fasst Kast den Forschungsstand zusammen, ist «ein flexibles, bewegliches Gehirn, das offen ist für Veränderungen, eine gute Grundvoraussetzung für eine starke Seele».[13] Um ein solches formbares Gehirn bis ins hohe Alter zu erhalten, gilt es, das Organ kontinuierlich zu trainieren und sein eigenes Denken immer wieder herauszufordern. Manche haben Spaß an Übungen, die das Kurz- und Langzeitgedächtnis stärken: vom Puzzeln über das Lösen von Kreuzworträtseln oder Sudoku bis hin zum Schachspielen. Nicht allen liegt solches «Gehirnjogging», um den angestaubten Begriff aus den 1990er Jahren zu bemühen. Und niemand muss sich dazu zwingen. Denn es gibt Alternativen.

So trainiert es das Gehirn auch, wenn man sich ergebnisoffen mit anderen Menschen austauscht und sich dabei aufrichtig für deren Sicht der Dinge interessiert, gerade wenn sie das eigene Weltbild ein bisschen durcheinander bringt. Soweit es einem finanziell und körperlich möglich ist, sollte man deshalb immer wieder hinaus in die Welt: Man sollte sich auf die Suche nach Neuem begeben, mit Menschen sprechen, die älter oder jünger sind oder unter ganz anderen Umständen leben, unbekannte Speisen ausprobieren, fremde Orte entdecken und dabei versuchen, all die neuen Eindrücke voll und ganz aufzunehmen.

Gleichzeitig hat die Forschung nachgewiesen, wie gesund Achtsamkeits-Strategien sind: Techniken, die helfen, den gegenwärtigen Moment möglichst bewusst und unvoreingenommen zu erleben. Für mich ist dafür das Meditieren wichtig, übrigens mit einer App auf meinem Handy. Andere schwören auf Yoga oder Entspannungstechniken wie die progressive Muskelrelaxation, die der Arzt Edmund Jacobson entwickelt hat.

Viele dieser Methoden zielen auch darauf ab, dass wir die Handelnden bleiben: Dass wir die Dinge in die Hand nehmen, statt nur passiv zu konsumieren; dass wir kein Oblomow werden. Dies wird umso wichtiger werden, je mehr Technologien uns in den nächsten Jahren das Denken scheinbar abnehmen. Denn wir müssen zunehmend auch darauf achten, dass unser Gehirn einige seiner großartigen Fähigkeiten nicht verlernt.

Die Magie des tiefen Lesens: Unsere Fähigkeit des Lesens verdeutlicht das. Ursprünglich war unser Gehirn gar nicht dazu gemacht. Erst vor etwa 6000 Jahren, so die Neuro- und Literaturwissenschaftlerin Maryanne Wolf, begann das Organ, die Fähigkeit über viele Jahrhunderte hinweg zu entwickeln.[14] Im Gegensatz zu anderen kognitiven Fähigkeiten wird das Lesen jedoch nicht vererbt. Deshalb müssen wir es in der Schule lernen. Auch danach bleibt die Fähigkeit plastisch: Die Art und Weise, wie wir lesen, entwickelt sich mit uns und der Welt um uns herum ein Leben lang weiter.

In den letzten Jahrzehnten haben wir als Reaktion auf das Internet und auf die zunehmende Präsenz von immer mehr Wörtern auf unseren Handys die Fähigkeit entwickelt, Texte schnell und oberflächlich zu lesen. In Anlehnung an das englische Verb sprechen wir auch im Deutschen von *skimming*. Diese Fähigkeit ist eine konsequente Reaktion unseres Gehirns auf eine veränderte Umwelt.

Gleichzeitig laufen wir aber Gefahr, eine andere Form des Lesens zu verlieren, die Wolf als *deep reading* bezeichnet: eine «tiefe» Lektüre, bei der wir voll eintauchen in die Gedanken derjenigen, die den Text geschrieben haben, bei der wir mit ihnen mitfühlen und gewissermaßen Teil ihrer Gedankenwelt werden. Bei dieser Form des Lesens greift unser Gehirn auf deutlich mehr Kapazitäten zurück und gleicht das, was es liest, noch intensiver mit dem eigenen Erfahrungsschatz ab. Solches *deep reading* ist anstrengender und dauert länger, aber es führt auch zu tiefgehenden Erkenntnissen, so Wolf. Ihre Forschung untermauert, was der Medienwissenschaftler Marshall McLuhan in den 1960er Jahren meinte, als er schrieb, das Medium sei die Botschaft: Nicht nur *was*, sondern auch *wie* wir lesen, prägt uns und die Art, wie wir die Welt verstehen.

Heute, so argumentiert Wolf, gehe es nun darum, diese Fähigkeit nicht zu verlieren. Wir sollten eine Art zweisprachiges Gehirn entwickeln, das verschiedene Arten des Lesens beherrscht: eine schnelle Form, um eilig Informationen aufzunehmen, und eine zweite, tiefere Form. Denn anders als beim *skimming* verknüpfen sich bei letzterer mehr Synapsen in unseren Gehirnen, wir stellen langgehegte Überzeugungen in Frage, kommen zu neuen Einsichten – und können uns so nicht nur selbst weiterentwickeln, sondern auch wahrhaft neues Wissen schaffen. Um uns etwas Gutes zu tun, sollten wir immer wieder bewusst Momente des «tiefen Lesens» einplanen, auch wenn diese zunächst anstrengend erscheinen. Am besten lesen wir die Texte dabei auf Papier, damit uns möglichst wenige Reize ablenken.

Gleichzeitig sollten wir Kinder früh an dieses «tiefe» Lesen heranführen und ihnen zeigen, wie schön und bereichernd es sein kann. Das beginnt mit dem regelmäßigen Vorlesen in jungen Jahren und setzt sich fort, indem man Jugendliche immer wieder zum Lesen motiviert. Das wird nicht unbedingt leicht: Eine Technologie, die unsere Gedanken und Gefühle zu verstehen scheint und so automatisch die passenden Inhalte serviert, ist die weniger anstrengende und bequemere Alternative. Aber es lohnt sich, diesen Überzeugungskampf zu führen. Es geht um nichts weniger als darum, diesen irgendwie magischen Prozess des «tiefen Lesens» zu erhalten und an die nächste Generation weiterzugeben. Wie groß das Interesse junger Menschen am Lesen nach wie vor ist, auch und gerade von Büchern, zeigt die florierende *BookTok*-Subkultur auf TikTok, wo sich User gegenseitig Bücher empfehlen.

Die grüne Pille: Besonders überrascht hat mich bei meinen Recherchen, wie wichtig die Natur für unser seelisches Wohlbefinden ist. Je mehr digitale Technologie ein Teil unserer Welt wird, desto wichtiger scheinen Naturerfahrungen zu werden, auch und gerade für diejenigen, die in Städten wohnen.

Ich bin sicher kein klassischer Naturmensch. In meinen prägenden Zwanzigern habe ich mehr Zeit in Berliner Technoclubs verbracht als im Wald. Und doch habe ich in Krisenjahren immer wieder gemerkt, dass es mich in die Natur zieht. Irgendwie ging es mir danach immer besser. Die Forschung ist sich mittlerweile einig: So geht es nicht nur mir. Zahlreiche psychologische Studien haben einen Zusammenhang zwischen einem ausgeglichenen Geisteszustand und regelmäßigen Aufenthalten im Grünen nachgewiesen.[15] Es empfiehlt sich daher, mehr Natur ins eigene Leben einzubauen.

Nun leben die meisten von uns nicht in einem Haus an der Küste, wo man nur vor die Tür treten muss und von atemberaubender Natur umgeben ist. Die meisten von uns leben in Etagenwohnungen und verbringen nicht wenig Zeit damit, sich durch den Berufsverkehr oder vollgestopfte U-Bahnen zu quälen. Aber die gute Nachricht: Schon die Grünflächen, die seit den Tagen der Industrialisierung im 19. Jahrhundert systematisch in unsere Städte integriert wurden, zeigen einen positiven Effekt auf unsere Psyche. Es lohnt sich, einen Nachmittag lang die schönsten Grünflächen in der Umgebung des Wohn- oder Arbeitsortes ausfindig zu machen und den täglichen *digital detox*-Spaziergang dorthin zu planen. Dankbarerweise finden sich im Betondschungel unserer Städte, wenn man genau hinschaut, überall Parks, Gärten, Friedhöfe und andere grüne Rückzugsorte.

Wer seinen Schreibtisch zu Hause oder am Arbeitsplatz so platzieren kann, dass man ins Grüne blickt, umso besser: Denn erstaunlicherweise wirkt es sich sogar auf unser seelisches Befinden aus, wenn wir statt auf graue Wände auf Bäume oder Wiesen schauen. Naturerfahrungen wirken wie eine «grüne Pille», die man schluckt, und man fühlt sich besser. Ganz ohne Nebenwirkungen.

Warum das so ist? Komplett verstehen wir die Gründe noch nicht. Einige Erklärungen laufen darauf hinaus, dass wir trotz aller technologischer Entwicklung, die wir Menschen in den letzten Jahrtausenden zu verantworten haben, im Kern doch so wie die Robben an der Küste Patagoniens eine weitere Spezies Säugetiere bleiben. Als solche stammen wir ursprünglich aus der reizarmen Savanne. Diesen Lebensraum haben wir lange hinter uns gelassen. Wir haben Städte mit Fabriken und Autos gebaut, und natürlich hat sich unser Gehirn im Laufe der Zeit weiterentwickelt und angepasst. Und doch scheint unser moderner Lebensraum für uns nach wie vor eine Reizüberflutung darzustellen. Kommen wir in die Natur, scheint das für unsere Sinne wie eine Art «Heimkehr» zu den Bedingungen zu sein, für die sie sich ursprünglich mal entwickelt hatten. Unsere Gehirne und Körper können sich – statt die Reize einer viel befahrenen Straße oder überfüllten U-Bahn ausblenden zu müssen – wieder auf wenige Eindrücke konzentrieren. In solchen Momenten, so die Hypothese, werden in unserem Gehirn Botenstoffe ausgeschüttet, die uns beruhigen und uns gleichzeitig besser fühlen lassen.

Vielleicht erklärt das die Wirkung der «grünen Pille». Vielleicht ist da auch noch mehr: etwas Metaphysisches, das wir nicht erklären können. Im Prinzip ist es auch egal. Natur tut gut, das steht fest. Je mehr Aktivitäten wir in den nächsten Jahren in virtuelle Realitäten verlagern, desto wichtiger werden Naturerfahrungen für uns Erwachsene, genau wie für Kinder und Jugendliche. Es gilt, immer wieder das Headset abzunehmen, das Handy beiseite zu legen, die Kopfhörer aus dem Ohr zu nehmen und so oft wie möglich hinaus in die Natur zu gehen.

Terra Incognita

Wem sich gar die Chance bietet, einige Zeit in der echten Wildnis fernab der Zivilisation zu verbringen, sollte nicht zweimal überlegen. Es ist schwer zu beschreiben, was Patagonien und all die neuen Eindrücke mit meinem Denken machen: die Momente, in denen plötzlich Tiere vor mir stehen, die ich noch nie zuvor gesehen habe, wie die *maras*, die aussehen wie eine Mischung aus Reh und Hase, aber eigentlich riesige Meerschweinchen sind und wie Flummibälle über die Steppe galoppieren. Oder die Momente, in denen mir bewusst wird, dass ich, egal in welche Richtung ich mich drehe, Hunderte von Kilometern an Wildnis und Meer vor mir habe, und angesichts dieser Weite erstarre. Es ist eine Form der Ehrfurcht, die im Englischen mit dem schönen lautmalerischen Wort *awe* bezeichnet wird, das ausgesprochen wie ein kurzes «Oh!» klingt: der Laut, den man macht, wenn einem vor lauter Schönheit buchstäblich der Mund offensteht.

All das macht etwas mit meinem Geist und meinen Gedanken. Was genau, ist schwer in Worte zu fassen. Aber es macht etwas.

An meinem letzten Abend in Cabo Raso sitze ich an der windgeschützten Rückseite der Herberge, der Blick nach Westen ins Landesinnere. Über den zerfallenen Ruinen geht die Sonne unter und wirft lange Schatten über die Halbwüste. Davor sehe ich Brunos Silhouette und wie er Border Collie-Mischling Simba den Bauch krault. Dieser juchzt vor Freude, wälzt sich im Staub und wirkt für einen Moment sehr jung.

Auf meinem Schoß halte ich mein dunkelrotes Notizbuch, in dem ich die Recherchen für dieses Buch festgehalten habe. Plötzlich greife ich den Stift und schreibe etwas auf: «Am Ende der Welt begrüßt mich Bruno mit den ruhigsten Augen, in die ich seit langem geblickt habe.» Danach schaue ich auf das Notizbuch. Ich weiß, sprachlich werde ich an dem Satz noch feilen müssen. Das Bild mit den Augen funktioniert nicht. Aber mir ist auch klar: Das ist der Gedanke, mit dem ich dieses Buch beginnen werde.

Wo in meinem Gehirn er entstanden ist, weiß ich nicht. Welche meiner Erfahrungen in den 37 Jahren meines Lebens, welches der vielen Gespräche in den fünf Jahren Recherche, welches der Geräusche oder Gerüche in Cabo Raso ausschlaggebend gewesen sein könnten? Keine Ahnung. Plötzlich war der Gedanke da und fühlte sich richtig an. Und kein Neurowissenschaftler, keine Tech-Unternehmerin dieser Welt kann mir abschließend sagen, warum.

Auch das gilt es zu akzeptieren: Wie viel wir über unseren Geist noch nicht verstehen, vielleicht niemals verstehen werden und vielleicht auch niemals verstehen wollen. Deshalb werden wir unseren Gedanken-Code, anders als Computer-Code, wohl auch nie abschließend in Zeichen, Wörtern oder Zahlen darstellen können. Und irgendwie, so denke ich mir, während Simba vor lauter Glück in die Wildnis bellt, ist das ein schöner Gedanke.

Epilog: Die Reise geht weiter

• *Cabo Raso, Argentinien*

Am nächsten Morgen streife ich vor meiner Abfahrt ein letztes Mal durch Cabo Raso. Im Speisezimmer der Herberge hatte ich einen Ordner gefunden mit jahrzehntealten Zeitungsartikeln und verblassten Zeitzeugen-Berichten, die vor langer Zeit auf einer Schreibmaschine abgetippt wurden. Darin las ich, wie stolz die kleine Gemeinde war, als sie ihr Postamt mit eigenem Telegrafen und später sogar ein kleines Hotel mit Zapfsäule eröffnete; wie der natürliche Hafen am «flachen Kap» von Cabo Raso zum Umschlagplatz für Schafwolle wurde und irgendwann auch das eine oder andere Marineschiff dort anlegte.

Auf Schwarz-Weiß-Fotos sah ich lachende Männer in gestreiften Fußballtrikots; die Kinder des Dorfs, aufgereiht vor ihrem winzigen Schulgebäude; einen Schnappschuss, auf dem gut zwei Dutzend Menschen auf einem toten Wal am Strand posierten. Man sah ihnen an, wie schwer und gleichzeitig aufregend es gewesen sein muss, hier am lebensfremden Ende der Welt eine Gemeinschaft aufzubauen, die irgendwann über 200 – manche Berichte sagten gar an die 300 – Seelen zählte.

Heute zeugen von ihrer Lebensleistung nur noch einige Ruinen und die Kreuze auf dem Friedhof oben auf dem Kap. Ab den 1940er Jahren, so die Berichte, begann Cabo Rasos Bevölkerung zu schrumpfen. Manche der Gründe, warum Menschen gingen, waren persönliche: Sie heirateten oder zogen den relativen Komfort größerer Ortschaften vor. Endgültig besiegelt wurde der Niedergang des Dorfes Anfang der 1970er Jahre, als Behörden beschlossen, die Schotterpiste durch Cabo Raso – bis dahin die einzige Nord-Süd-Verbindung der Region – nicht zu asphaltieren, sondern stattdessen die neue Bundesstraße 3 weiter im Landesinneren zu bauen. Von nun an war der Ort vom Durchgangsverkehr zwischen den Küstenstädten abgeschnitten. Bald schloss das Postamt. Immer mehr Menschen ließen ihre Häuser leer zurück. Cabo Raso wurde zum Geisterdorf. Nur die Besitzerin des kleinen Dorfladens weigerte sich zu gehen. Sie starb als letzte Bewohnerin Mitte der 1980er Jahre.

Es ist ein Wechselspiel von politischen und persönlichen Entscheidungen, die unsere Gesellschaften formen, denke ich, während ich inmitten einer der dachlosen Ruinen stehe, im Gesicht die grelle Sonne und auf der Haut den kalten Wind aus der Antarktis, der durch die löchrigen Wände weht. Wenn in 50 Jahren Historiker:innen auf unsere Zeit zurückblicken, was werden sie schreiben? Ich bin Journalist und untersuche die Gegenwart. Dieses Buch ist mein Versuch, einen *first rough draft of history* vorzulegen: eine Bestandsaufnahme, wie Technologie immer besser unser Denken ausliest. Erste schwache Signale dieses Wandels kündigen sich seit fast einem Jahrzehnt an, für einige Zeit scheinbar unabhängig voneinander. Dank *Deep Learning* wurden Computer immer besser darin, unsere Gedanken statistisch zu schätzen. Parallel dazu erzielten die Neurowissenschaften stetige Fortschritte im Auslesen und Steuern von Hirnaktivitä. Seit kurzem liefert generative KI ganz neue Werkzeuge, um Signale aus dem Gehirn zu interpretieren.

Heute stehen wir unmittelbar vor der Konvergenz dieser Durchbrüche. Von den Rändern der Forschung und Gesellschaft haben sie sich weitgehend unbemerkt immer weiter in Richtung Mainstream bewegt. Alle Signale deuten darauf hin, dass sie bald zu einem großen Megatrend verschmelzen könnten: der *Mind-Reading AI* von morgen.

Wie geht es weiter? Welche möglichen Zukunftsszenarien lassen sich mit den Methoden der *futurists* – dieser neuen disziplinübergreifenden Generation Denker:innen, die sich mit der Zukunft befassen, nicht zu verwechseln mit der künstlerisch-sozialen Bewegung des 20. Jahrhunderts – aus meinen Recherchen ableiten?

Mind-Reading AI wird unser Leben in den kommenden Jahrzehnten grundlegend verändern, das scheint mir sicher. Schon in den nächsten Jahren werden erste Endverbraucher-Geräte auf den Markt kommen, die Gehirndaten auswerten. Anfangs, so lehrt es die Erfahrung, werden diese wohl vor allem von Bevölkerungsgruppen genutzt werden, die traditionell als *Early Adopters* gelten: Technik-Begeisterte und Gamer; Menschen, die in der Tech-Industrie arbeiten; Jugendliche. In den Jahren darauf wird die Technologie immer günstiger und einfacher bedienbar werden. So wird sie wahrscheinlich immer weiter in die Mitte der Gesellschaft vorstoßen: Erste Anwendungen werden auf dem Markt auftauchen, mit deren Hilfe Menschen Computern simple Anweisungen geben, ohne diese in ein Textfeld eintippen oder aussprechen zu müssen.

Wahrscheinlich wird sich herumsprechen, wie praktisch das im Alltag sein kann. Je mehr sich die Geräte verbreiten, umso normaler wird es sich anfühlen, dass unsere Gedanken direkt in ein Computersystem eingespeist werden. Wie wir heute unseren Körper mit der Kraft unserer Gedanken bewegen, werden wir so auch Maschinen immer selbstverständlicher steuern – ähnlich, wie es die Versuchspersonen in den Experimenten des Berliner Psychiaters Soekadar mit ihren Exoskeletten heute schon tun.

Im klinischen Bereich werden mehr und mehr Behandelnde und Patient:innen erfahren, wie sehr die Technologie dabei helfen kann, sowohl körperliches als auch seelisches Leid zu lindern. Deshalb wird sie wohl zunehmend in Therapien eingesetzt werden. Diese Entwicklung kann ein Segen sein. Schon in weniger als

30 Jahren, so schätzt eine Studie in 29 Ländern, wird die Hälfte aller Menschen mindestens einmal in ihrem Leben an einer psychischen Krankheit leiden.[1] Im Kampf dagegen könnte therapeutische *Mind-Reading AI* eine zentrale Waffe werden.

Auch nichtklinische Anwendungen können unsere Gesellschaften in vielerlei Hinsicht voranbringen: In unseren alternden Bevölkerungen könnten sie es Menschen ermöglichen, bis ins hohe Alter neue Technologien zu nutzen und am gesellschaftlichen Leben teilzunehmen. Sie könnten Barrieren abbauen, die Menschen mit körperlichen Einschränkungen heute oft im Wege stehen. Nicht zuletzt wird *Mind-Reading AI* auch Kreativen völlig neue Möglichkeiten bieten, im Zusammenspiel mit Computern Kunst und neues Wissen zu erschaffen.

Aber genauso wahrscheinlich ist, dass verschiedene Akteure die Technologie für kommerzielle Zwecke ausschlachten werden, teilweise ohne Rücksicht auf Verluste. Das vielleicht beste Indiz dafür sind die enormen Investitionen, die sowohl Start-ups als auch die großen *Big Tech*-Firmen unserer Zeit in die Technologie tätigen. Dabei interessieren sie sich auch und gerade für die Daten, die dabei entstehen. Denn diese lassen detailliertere Rückschlüsse auf unser Wesen zu als alles bisher Dagewesene und sind für viele ihrer Geschäftsmodelle eine wahre Schatzgrube. Und nach den Erfahrungen der letzten zwei Jahrzehnte halte ich es für alles andere als ausgeschlossen, dass die meisten Menschen der Verarbeitung und Vermarktung ihrer Daten als Gegenleistung für bequeme oder scheinbar kostenlose Dienste zustimmen werden.

Das könnte uns für Firmen durchschaubarer und manipulierbarer denn je machen. Auch staatliche Akteure könnten Erkenntnisse über unser Denken zur Überwachung in bisher ungekanntem Ausmaß nutzen. Schließlich könnten wir, quasi als Kollateralschaden, immer mehr zu passiv Konsumierenden werden und einige großartige Fähigkeiten unseres Gehirns verlieren.

Wie die Dinge sich entwickeln werden, hängt von vielen Faktoren ab: von technologischen Innovationen, die sich nie ganz vorhersagen lassen, bis hin zu Kriegen oder menschlicher Hybris. Denn unsere Gesellschaften sind hochkomplexe und dynamische Systeme, in denen selbst kleinste Veränderungen zu unvorhersehbaren Entwicklungen führen können. Und doch haben wir vieles selbst in der Hand. Wir entscheiden mit, wie es weitergeht.

Zunächst gilt es, baldmöglichst Regeln aufzustellen, um sicherzugehen, dass die Technologie in erster Linie für uns arbeitet und nicht für einige wenige, die damit Geld verdienen oder Kontrolle ausüben wollen. Im Laufe meiner Recherchen habe ich mit Dutzenden Menschen gesprochen, die an vorderster Front die *Mind-Reading AI* von morgen mitentwickeln, an Universitäten wie in Unternehmen. Die allermeisten von ihnen schienen mit der Technologie aufrichtig Gutes zu wollen: Sie wollen Menschen das Leben erleichtern oder sie auch nur unterhalten. Und ja, einige von ihnen wollen auch Profite machen. Auch das ist zulässig.

Doch um die weitreichenden Konsequenzen ihrer Technologien abzuschätzen, reichen weder ein BWL-, noch ein Informatik- oder Medizin-Studium aus. Sowohl Forschende als auch Firmen – und ich bin mir sicher, dass die meisten mir zustimmen würden – brauchen Leitplanken: Richtlinien, was wir als Gesellschaft wollen und was nicht. Dafür braucht es eine Debatte, die über die Tech-Welt hinausgeht und auch Stimmen aus der Zivilgesellschaft und der sozial- und geisteswissenschaftlichen Forschung genug Raum gibt. Und wir müssen aufmerksam die Geschäftsmodelle großer Tech-Unternehmen im Auge behalten, um ihnen, wenn nötig, Grenzen aufzuzeigen. Das gilt für die Firmen hinter den großen sozialen Netzwerken ebenso wie für Hardware-Hersteller, die Smartphones oder immersive Technologien entwickeln.

Gleichzeitig ist es höchste Zeit, dass wir auf individueller Ebene einen nachhaltigen Umgang mit digitalen Technologien entwickeln. Für die allermeisten bedeutet das, ein eingefahrenes Nutzungsverhalten zu verändern. Das passiert nicht über Nacht und braucht oft mehr als einen Anlauf. Und es hört nicht auf. Das gilt für mich genauso wie für alle anderen: Während ich in den letzten Jahren immer besser begriffen habe, wie diese Technologien funktionieren, habe ich parallel dazu mein eigenes Verhalten analysiert und immer besser verstanden. Aber es brauchte Jahre, bis ich erkannte, wie schädlich meine Technologienutzung für mein Wohlbefinden war, und ich meinen Umgang dauerhaft veränderte.

Mit digitaler Technologie, so lässt es sich als Faustregel formulieren, verhält es sich ein bisschen wie mit Heilpflanzen aus der Natur: Richtig eingesetzt können sie Beschwerden lindern. Bei Überdosierung stellen sich dagegen schnell unangenehme Nebenwirkungen ein. Diese Analogie versuche ich im Hinterkopf zu behalten.

Aber auch ich falle im Alltag manchmal in alte Muster zurück und erwische mich dabei, wie ich mich in einer der digitalen «Dopamin-Fabriken» unserer Zeit verliere. Und auch ich merke immer noch, wie im Stress des Alltags plötzlich Technologie die Kontrolle übernimmt und mein Leben lenkt. Dann wende ich die *RECODE*-Methode aus Kapitel 8 erneut an und erinnere mich an das, was Bruno gesagt hat. Ich entscheide mich für einen anderen Umgang.

Ich liebe Technologie. Bis an mein Lebensende will und werde ich neue Technologien ausprobieren. Aber ich weiß auch: Mit jeder neuen Generation wird es wieder notwendig sein, einen nachhaltigen Umgang zu entwickeln.

Neue Pioniere

Auf dem Weg zurück in die Herberge komme ich an ein paar Häuschen vorbei, deren Dächer repariert und deren Fenster wieder eingesetzt wurden.

Im Jahr 2007, zwei Jahrzehnte nach dem Tod der letzten Bewohnerin, kehrte Leben nach Cabo Raso zurück. Einem Paar aus dem Städtchen Trelew, 170 Kilometer weiter nördlich, war das Geisterdorf bei der Durchfahrt aufgefallen. Cabo Raso lag vermüllt und in Trümmern: Vandalismus und das raue Wetter hatten den einst massiven Häusern schwer zugesetzt. Es tat weh, den Ort so zu sehen, erinnerte sich Eliane Fernández Peña mir gegenüber. Aber sie spürten, sie gehörten hierher. Und so entschieden sich die Innenarchitektin und ihr Mann, mit ein bisschen Werkzeug und einem alten Stromgenerator in die Wildnis hinauszuziehen.

Anfangs schliefen sie in einem kleinen Wohnwagen, bis sie eine der Ruinen so weit saniert hatten, dass sie dort einziehen konnten. Nach und nach bauten sie ein paar Häuser wieder auf. Als letztes wurde die Herberge fertig, die mit ihren paar niedrigen Bäumen, den einzigen weit und breit, nun wie eine Oase mitten im Geisterdorf aus dem Boden ragt.

Bei meiner Rückkehr klappert Bruno mit einer eisernen Kaffeekanne in der Küche und pfeift vor sich hin. Technisch wäre es nicht allzu aufwendig, Internetverbindungen nach Cabo Raso zu bringen. Und doch ist es für die Menschen hier keine Option. «Ein Gefühl von Frieden» setze bei eigentlich allen Gästen ein, nachdem diese einige Zeit hier verbracht haben, sagte mir Fernández Peña. «Es ist, als ob Menschen hier eine Dimension des Lebens erkennen, die realer ist.»

So hat Jahrzehnte nach seinem Untergang dieser wunderschöne, unwirtliche Ort am Ende der Welt eine neue Aufgabe gefunden: Als analoges Refugium, in das Menschen kommen, um sich im digitalen Nirgendwo zu verlieren und dabei irgendwie selbst zu finden.

Als ich später meinen Koffer in den klapprigen VW Polo hiefe und Bruno zum Abschied umarme, merke ich, dass ich mich freue: auf den Internetzugang, sobald ich in der Hafenstadt Puerto Madryn ankomme, und darauf, meinen Menschen zuhause in Berlin von meiner Zeit im Niemandsland zu berichten.

Kurz darauf fahre ich mit offenen Fenstern die Buckelpiste entlang, die zunächst für ein paar Kilometer an der Küste entlangführt. Die Wellen sind stärker als in den letzten Tagen. Über dem Atlantik brauen sich das erste Mal Wolken zusammen. Gleich wird die Straße ins Landesinnere abbiegen, wo sie erst in die Wildnis und dann zurück in die Zivilisation führt.

Ich muss wieder an das Lied denken, *Die Gedanken sind frei*, an meinen Vater, seine Gitarre und wie meine Schwestern und ich uns beim Mitsingen gegenseitig überboten, bis wir den letzten Vers schließlich aus voller Kehle durch unser Kinderzimmer brüllten. Meine Lieblingsstrophe war die dritte. Für mich ist sie die zuversichtlichste:

Und sperrt man mich ein im finsteren Kerker
Das alles sind rein vergebliche Werke
Denn meine Gedanken zerreißen die Schranken
und Mauern entzwei: Die Gedanken sind frei.

Die Freiheit unserer Gedanken ist ein großes Gut, vielleicht unser größtes. Es ist an uns, sie zu erhalten.

Danksagung

Mein Dank gilt denjenigen, ohne die dieses Buch nicht möglich gewesen wäre:

All den Menschen, die ihre Expertise und ihre Geschichten mit mir geteilt haben.

Dirk Setton und dem Verlag C.H.Beck.

Carla Hustedt und Wolfgang Rohe, stellvertretend für die Stiftung Mercator.

Meinen Freundinnen und Freunden Hans Bechtolf, Lorenz Deserno, János Joskowitz, Andrea Reiter, Léa Steinacker und Sarah Stodola für ihre fachliche wie menschliche Unterstützung.

Meiner Familie Ute Renschler-Delcker; Marie-Christine, Nikolaus und Elodie Lohmann; Caroline Delcker und Edgar, dem Dackel.

Meiner *chosen family* Alex Kuschel und Antonio Arce; Yasemin Yüksel; Erum Naqvy, Deon Serrant und meinen New Yorkern; Marian Cramers; Nick Tsirimokos; Dorothee Christiani und dem Rest der Berliner «Eimalia»-Crew; Sandra Grether, Adi Hochmann, Steffen Poralla, Alisa Fraer, Daniel und Anna Wixforth; Felipe Cintrano Lopez und Martin Lewicki; PJ Houlihan; Alister Bassett und Geddis Lesutis; Rosa Rendtorff, Laura Buckendahl und Yekaterina Nesytowa; Nadja Degen, Garrett Karaaziz, Anthony George, Laura Rey Barcelli und Bastian Hansen; István Wolford; Nico Borg; Javier Otero; Afonso Da Costa; Will Varner; Angela Ens; Miriam Hall und Carla Bridglal; Florian Eder; Uli Fischer und Moritz Hessler.

Und Florian Eckardt und meinem Papa, wo immer sie sind.

Anmerkungen

Prolog: Im Niemandsland

1 Edwin Black: *IBM and the Holocaust: The Strategic Alliance between Nazi Germany and America's Most Powerful Corporation* (New York: Crown Publishing Group, 2001).
2 Melvin Kranzberg: «Technology and History: ‹Kranzberg's Laws›», *Technology and Culture* 27:3 (1986), S. 557.
3 Amy Webb: *The Signals Are Talking: Why Today's Fringe Is Tomorrow's Mainstream* (New York: Public Affairs, 2016).

1. Big Data

1 Alex Krizhevsky, Ilya Sutskever, Geoffrey E. Hinton: «ImageNet classification with deep convolutional neural networks», *NIPS'12: Proceedings of the 25th International Conference on Neural Information Processing Systems* 1 (2012), S. 1097–1105.
2 Volodymyr Mnih, Koray Kavukcuoglu, David Silver et al.: «Playing Atari with Deep Reinforcement Learning», *arXiv*: 1312.5602 (2013).
3 Mustafa Suleyman: *The Coming Wave* (München: C.H.Beck, 2024), S. 65.
4 Einer von ihnen hatte Google schon wieder verlassen, um eine neue Firma namens OpenAI mitzugründen.
5 TED: «TikTok's CEO on its future – and what makes its algorithm different», https://www.ted.com/talks/shou_chew_tiktok_s_ceo_on_its_future_and_what_makes_its_algorithm_different, Zugriff am 17.7.2023.
6 Paul E. M. Phillips, Garret D. Stuber, Michael L. A. V. Heien et al.: «Subsecond dopamine release promotes cocaine seeking», Nature 422 (2003), S. 614–618.
7 Anna Lembke: *Dopamine Nation: Finding Balance in the Age of Indulgence* (London: Dutton, 2021).
8 Conghui Su, Hui Zhou, Liangyu Gong et al.: «Viewing personalized video clips recommended by TikTok activates default mode network and ventral tegmental area», *NeuroImage* 237:118136 (2021).
9 Lembke (2021), S. 69.
10 Shi-Qiu Meng, Jia-Lu Cheng, Yang-Yang Li et al.: «Global prevalence of digital addiction in general population: A systematic review and meta-analysis», *Clinical Psychology Review* 92:102128 (2022).
11 Jay A. Olson, Dasha A. Sandra, Élissa S. Colucci et al.: «Smartphone addiction is increasing across the world: A meta-analysis of 24 countries», *Computers in Human Behavior* 129:107138 (2022).

12 Marshall McLuhan: *Understanding Media: The Extensions of Man (*New York: McGraw Hill, 1964).

2. Emotionserkennung

1 Mathias Bölinger: *Der Hightech-Gulag* (München: C.H.Beck, 2023).
2 Sein voller Name ist Syed Qutubuddin Masood, aber alle nennen ihn «Masood», sagte er mir bei unserem ersten Gespräch.
3 Das Recht auf Privatsphäre ist, anders als beispielsweise im deutschen Grundgesetz, nicht ausdrücklich in Indiens Verfassung verankert. Allerdings haben es indische Gerichte aus der Verfassung abgeleitet, beispielsweise in einem Urteil des Obersten Gerichtshofs im Jahr 2017.
4 Sangeeta Mahapatra: «Digital Surveillance and the Threat to Civil Liberties in India», *GIGA Focus | Asia* 3 (2021), S. 1.
5 Joy Buolamwini, Timnit Gebru: «Gender Shades: Intersectional Accuracy Disparities in Commercial Gender Classification», *Proceedings of Machine Learning Research* 81 (2018), S. 1–15.
6 Article 19: *Emotion Recognition Technology Report,* https://www.article19.org/emotion-recognition-technology-report (2021).
7 Lisa Feldman Barrett, Ralph Adolphs, Stacy Marsella et al.: «Emotional Expressions Reconsidered: Challenges to Inferring Emotion From Human Facial Movements», *Psychological Science in the Public Interest* 20 (2019), S. 1–68.
8 Lisa Feldman Barrett: «Facial Expressions Do Not Reveal Emotions», https://www.scientificamerican.com/article/darwin-was-wrong-your-facial-expressions-do-not-reveal-your-emotions (2022).
9 Lauren Rhue: «Racial Influence on Automated Perceptions of Emotions», *SSRN:* http://dx.doi.org/10.2139/ssrn.3281765 (2018).
10 Katharina Zweig: *Ein Algorithmus hat kein Taktgefühl* (München: Heyne, 2019).
11 Michel Foucault: *Überwachen und Strafen. Die Geburt des Gefängnisses* (Frankfurt a. M.: Suhrkamp, 1977), S. 260.
12 Jenni Fagan: *The Panopticon* (London: William Heinemann, 2012).
13 Yunkun Zeng: «Artificial Intelligence: Guards of Panopticon System», *Proceedings of the 2022 International Conference on Urban Planning and Regional Economy* (2022), S. 170–173.

3. Persönlichkeitsanalysen

1 https://zortify.com/faq, Zugriff am 13.9.2023.
2 Yilun Wang, Michal Kosinski: «Deep neural networks are more accurate than humans at detecting sexual orientation from facial images», *Journal of Personality and Social Psychology*, 114 (2018), S. 246–257.
3 Sabrina Hoppe, Tobias Loetscher, Stephanie A. Morey et al.: «Eye move-

ments during everyday behavior predict personality traits», *Frontiers in Human Neuro Science* 12:105 (2018).

4 Hilke Schellmann: *The Algorithm. How AI Decides Who Gets Hired, Monitored, Promoted, and Fired & Why We Need to Fight Back Now* (New York: Hachette, 2024), S. XIII.

5 Jay Olsen, Mariève Cyr, Despina Z. Artenie et al.: «Emulating future neurotechnology using magic», *Consciousness and Cognition* 107 (2023), S. 7.

4. Brain Decoder

1 Alexandre Défossez, Charlotte Caucheteux, Jérémy Rapin et al.: «Decoding speech perception from non-invasive brain recordings», *Nature Machine Intelligence* 5 (2023) S. 1097–1107.

2 Jerry Tang, Amanda LeBel, Shailee Jain et al.: «Semantic reconstruction of continuous language from non-invasive brain recordings», *Nature Neuroscience* 26 (2023) S. 858–866.

3 Yiqun Duan, Jinzhao Zhou, Zhen Wang et al.: «DeWave: Discrete EEG Waves Encoding for Brain Dynamics to Text Translation», *arXiv*: 2309.14 030 (2024).

4 Ashish Vaswani, Noam Shazeer, Niki Parmar: «Attention is all you need», *Advances in neural information processing systems* 30 (2017).

5 Emily M. Bender, Timnit Gebru, Angelina McMillan-Major: «On the Dangers of Stochastic Parrots: Can Language Models Be Too Big?», *FAccT '21: Proceedings of the 2021 ACM Conference on Fairness, Accountability, and Transparency* (2021) S. 610–623.

6 Abubakar Abid, Maheen Farooqi, James Zou: «Persistent Anti-Muslim Bias in Large Language Models», *AIES '21: Proceedings of the 2021 AAAI/ACM Conference on AI, Ethics, and Society* (2021).

7 Amit Haim, Alejandro Salinas, Julian Nyarko: «What's in a Name? Auditing Large Language Models for Race and Gender Bias», *arXiv*: 2402.14875 (2024) S. 298–306.

8 Alex de Vries: «The growing energy footprint of artificial intelligence», *Joule* 7:10 (2023), S. 2191–2194.

9 Miriam Meckel, Léa Steinacker: *Alles überall auf einmal* (Hamburg: Rowohlt, 2024), S. 18.

10 Guohua Shen, Kshitij Dwivedi, Kei Majima et al.: «End-to-End Deep Image Reconstruction From Human Brain Activity», *Frontiers in Computational Neuroscience* 13:21 (2019).

11 Yu Takagi, Shinji Nishimoto: «High-resolution image reconstruction with latent diffusion models from human brain activity», *2023 IEEE/CVF Conference on Computer Vision and Pattern Recognition* (2023), S. 14 453–14 463.

12 Yohann Benchetrit, Hubert Banville, Jean-Rémi King: «Brain Decoding:

Toward real-time reconstruction of visual perception», *The Twelfth International Conference on Learning Representations* (2024).

13 Matteo Ferrante, Furkan Ozcelik, Tommaso Boccato et al.: «Brain Captioning: Decoding human brain activity into images and text», *arXiv*: 2305.11 560 (2023).

14 Yu-Ting Lan, Kan Ren, Yansen Wang et al.: «Seeing through the Brain: Image Reconstruction of Visual Perception from Human Brain Signals», *arXiv*: 2308.02 510 (2023).

15 Timo I. Denk, Yu Takagi, Takuya Matsuyama et al.: «Brain2Music: Reconstructing music from human brain activity» *arXiv*: 2307.11 078 (2023).

16 Anthony Zador, Sean Escola, Blake Richards et al.: «Catalyzing next-generation Artificial Intelligence through NeuroAI». *Nature Communications* 14:1597 (2023).

5. Immersive Technologien und Wearables

1 Als ich ein paar Wochen später eine Sprecherin von Meta mit den Ergebnissen unserer Recherche konfrontierte, sagte diese, die Firma nehme solche Schilderungen sehr ernst. Als Reaktion seien bereits zahlreiche Sicherheitsvorkehrungen im *Metaverse* getroffen worden, um ähnliche Vorfälle in der Zukunft zu verhindern.

2 Hsin-Yen Yen: «Smart wearable devices as a psychological intervention for healthy lifestyle and quality of life: a randomized controlled trial», *Quality of Life Research* 30 (2021), S. 791–802.

3 https://choosemuse.com/pages/how-it-works, Zugriff am 25.12.2023.

4 Nita A. Farahany: *The Battle for Your Brain: Defending the Right to Think Freely in the Age of Neurotechnology* (New York: St Martin's Press, 2023).

5 Lotte van Dammen, Tor T. Finseth, Bethany H. McCurdy et al.: «Evoking stress reactivity in virtual reality: A systematic review and meta-analysis», *Neuroscience & Biobehavioral Reviews* 138:104 709 (2022).

6 Hongbian Li, Hyonyoung Shin, Minsu Zhang et al.: «Hair-compatible sponge electrodes integrated on VR headset for electroencephalography», *Soft Science* 3:21 (2023).

7 https://varjo.com/vr-lab/bridging-neuroscience-and-xr-insights-session-your-questions-answered, Zugriff am 30.3.2024.

8 https://synchron.com/technology, Zugriff am 8.1.2024.

9 https://zanderlabs.com/neuroadaptive-research-funding, Zugriff am 28.2.2024.

6. Gehirn-Computer-Schnittstellen

1 Wie alle Teilnehmenden der Konferenz sprach er auf Englisch.

2 Surjo R. Soekadar, Matthias Witkowski, Nicola Vitiello et al.: «An EEG/

EOG-based hybrid brain-neural computer interaction (BNCI) system to control an exoskeleton for the paralyzed hand», *Biomedical Engineering / Biomedizinische Technik* 60:3 (2015), S. 199–205.

3 Maria Buthut, David Haslacher, Surjo R. Soekadar: «Behandlung depressiver Störungen mittels nicht invasiver Neuromodulation», *Nervenheilkunde* 42 (2023), S. 438–449.

4 Katherine W. Scangos, Ankit N. Khambhati, Patrick M. Daly et al.: «Closed-loop neuromodulation in an individual with treatment-resistant depression», *Nature Medicine* 27 (2021) S. 1696–1700.

5 Whitney S. Griggs, Sumner L. Norman, Thomas Deffieux et al.: «Decoding motor plans using a closed-loop ultrasonic brain–machine interface», *Nature Neuroscience* 27 (2024), S. 196–207.

6 https://forestneurotech.org, Zugriff am 8.1.2024.

7 https://neuralink.com, Zugriff am 9.5.2024.

8 https://twitter.com/elonmusk/status/1356027336387252235, Zugriff am 9.5.2024.

9 Frederic Gilbert, Marcello Ienca, Mark Cook: «How I became myself after merging with a computer: Does human-machine symbiosis raise human rights issues?», *Brain Stimulation*, 16:3 (2023), S. 783–789.

10 Christine Kenneally: «Do Brain Implants Change Your Identity?», https://www.newyorker.com/magazine/2021/04/26/do-brain-implants-change-your-identity, Zugriff am 9.1.2024.

11 Andere Forschende aus den Neurowissenschaften haben mir gegenüber argumentiert, dass sowohl Birbaumers als auch Lembkes Warnungen als Extremmeinungen zu verstehen sind.

7. Regulierung
Heute: Künstliche Intelligenz

1 Europäische Kommission: «Künstliche Intelligenz für Europa», https://eur-lex.europa.eu/legal-content/DE/TXT/?uri=COM%3A2018%3A237%3AFIN (2018).

2 Independent High-Level Expert Group on Artificial Intelligence set up by the European Commission: «Policy and Investment Recommendations for Trustworthy Ai», https://digital-strategy.ec.europa.eu/en/library/policy-and-investment-recommendations-trustworthy-artificial-intelligence (2019).

3 LobbyControl: «Gesetzgebung darf keine Geheimsache sein!» , https://www.lobbycontrol.de/lobbyismus-in-der-eu/gesetzgebung-darf-keine-geheimsache-sein-2-105162/ (2022).

4 Corporate Europe Observatory: «Byte by byte. How Big Tech undermined the AI Act», https://corporateeurope.org/en/2023/11/byte-byte (2023).

5 Ich beziehe mich auf ein im Januar 2024 geleaktes Dokument, das die drei Entwürfe sowie den getroffenen Kompromiss auflistet. Es wurde

zunächst vom Journalisten Luca Bertuzzi und anschließend vom Europaabgeordneten Patrick Breyer auf seiner Website veröffentlicht, https://www.patrick-breyer.de/wp-content/uploads/2024/01/AIAct_final_fourcolumn21012024.pdf, Zugriff am 31.1.2014.

6 Patrick Breyer: «KI-Gesetz/AI Act bringt biometrische Massenüberwachung nach Europa», https://www.patrick-breyer.de/ki-gesetz-ai-act-bringt-biometrische-massenueberwachung-nach-europa-nicht-mit-piraten (2023).

7 Meckel, Steinacker (2024), S. 338.

8 Eticas Tech: «How public money is shaping the future direction of AI: An analysis of the EU's investment in AI development», https://eticas.tech/wp-content/uploads/2023/03/28032023-EU-Investments-Report_ESAIF-and-Eticas.pdf (2023), S. 6.

Morgen: Mind-Reading AI

1 Ienca sprach wie alle Teilnehmenden auf Englisch.

2 Sjors Ligthart, Marcello Ienca, Gerben Meynen et al.: «Minding Rights: Mapping Ethical and Legal Foundations of Neurorights», *Cambridge Quarterly of Healthcare Ethics* 32:4 (2023) 1696–1700.

3 Jan Christoph Bublitz: «Freedom of thought in the age of neuroscience. A plea and a proposal for the renaissance of a forgotten fundamental right», *Archiv für Rechts- und Sozialphilosophie* 100:1 (2014), S. 1–25.

4 Sjors Ligthart, Jan Christoph Bublitz, Thomas Douglas et al.: «Rethinking the Right to Freedom of Thought: A Multidisciplinary Analysis», *Human Rights Law Review* 22 (2022), S. 1–14.

5 Nora Hertz: «Neurorechte – Zeit für neue Menschenrechte? Eine Neubetrachtung des Menschenrechts auf Gedankenfreiheit», *Freiburger Informationspapiere zum Völkerrecht und Öffentlichen Recht* 2 (2023).

6 Rafael Yuste, Sara Goering, Blaise Agüera y Arcas et al.: «Four Ethical Priorities for Neurotechnologies and AI.», *Nature* 551 (2017), S. 159–163.

7 Jan Christoph Bublitz: «Novel Neurorights: From Nonsense to Substance», *Neuroethics*, 15:7 (2022).

8 Marcello Ienca, Roberto Andorno: «Towards new human rights in the age of neuroscience and neurotechnology», *Life Sciences, Society and Policy* 13:5 (2017).

9 Informal Meeting of Telecommunications Ministers: «León Declaration on European Neurotechnology: A Human Centric and Rightsoriented Approach», https://spanish-presidency.consilium.europa.eu/en/news/leon-declaracion-european-neurotechnology-human-rights (2023).

10 https://www.emotiv.com, Zugriff am 9.2.2024.

11 https://www.emotiv.com/news/loreal-in-partnership-with-emotiv-neurotech-leader, Zugriff am 2.2.2024.

12 Jan Christoph Bublitz: «What an International Declaration on Neurotechnologies and Human Rights Could Look like: Ideas, Suggestions, Desiderata», *AJOB Neuroscience* (2024), S. 96.
13 Joseph J. Fins: «The Unintended Consequences of Chile's Neurorights Constitutional Reform: Moving beyond Negative Rights to Capabilities». In: *Neuroethics* 15, 26 (2022) S. 1.
14 Miriam Meckel: *Mein Kopf gehört mir: Eine Reise durch die schöne neue Welt des Brainhacking* (München: Piper, 2018), S. 12.

8. KI-Kompetenz

1 Christopher Summerfield: *Natural General Intelligence: How Understanding the Brain Can Help Us Build AI* (Oxford: Oxford University Press, 2023), S. 6.
2 Postbank: «Postbank Digitalstudie 2023 – Die digitalen Deutschen», https://www.postbank.de/unternehmen/medien/meldungen/2024/januar/studie-deutsche-sind-71-stunden-pro-woche-online.html (2023).
3 Pasin Israsena, Suwicha Jirayucharoensak, Solaphat Hemrungrojn et al.: «Brain Exercising Games With Consumer-Grade Single-Channel Electroencephalogram Neurofeedback: Pre-Post Intervention Study». In: *JMIR Serious Games* 15:9 (2021).
4 Common Sense Media: «Constant Companion: A Week in the Life of a Young Person's Smartphone Use», https://www.commonsensemedia.org/research/constant-companion-a-week-in-the-life-of-a-young-persons-smartphone-use (2023).
5 Adrian F. Ward, Kristen Duke, Ayelet Gneezy et al.: «Brain Drain: The Mere Presence of One's Own Smartphone Reduces Available Cognitive Capacity», *Journal of the Association for Consumer Research* 2:2, (2017), S. 140–154.
6 Luca Braghieri, Ro'ee Levy, Alexey Makarin: «Social Media and Mental Health», *American Economic Review* 112: 11 (2022), S. 3660–3693.
7 Taliah Prince, Larisa McLoughlin, Jim Lagopoulos et al.: «The neural correlates of socio-cognitive factors and eating disorders in young people: A systematic review», *Journal of Psychiatric Research* 156 (2022), S. 647–659.
8 Amy Orben, Andrew K. Przybylski, Sarah-Jayne Blakemore et al.: «Windows of developmental sensitivity to social media», *Nature Communications* 13:1649 (2022).
9 Andrew K. Przybylski, Netta Weinstein: «A Large-Scale Test of the Goldilocks Hypothesis: Quantifying the Relations Between Digital-Screen Use and the Mental Well-Being of Adolescents», *Psychological Science* 28:2 (2017), S. 204–215.
10 Katherine M. Keyes, Jonathan M. Platt: «Annual Research Review: Sex, gender, and internalizing conditions among adolescents in the 21st cen-

tury – trends, causes, consequences», *The Journal of Child Psychology and Psychiatry* 65:4 (2024), S. 384–407.

11 Jonathan Haidt: *The Anxious Generation: How the Great Rewiring of Childhood Is Causing an Epidemic of Mental Illness* (London: Penguin Press, 2024).

12 Robert Waldinger, Marc Schulz: *The Good Life: Lessons from the World's Longest Scientific Study of Happiness* (New York: Simon & Schuster, 2023).

13 Bas Kast: *Kompass für die Seele. Das Fazit neuester Studien zu Resilienz und innerer Stärke* (München: Bertelsmann, 2023), S. 39.

14 Maryanne Wolf: *Reader, Come Home: The Reading Brain in a Digital World* (New York: Harper, 2018). Vgl. außerdem die Konservation zwischen Wolf und dem Journalisten Ezra Klein aus dem Jahr 2022, https://www.nytimes.com/2022/11/22/opinion/transcript-ezra-klein-interviews-maryanne-wolf.html, Zugriff am 12. Februar 2024.

15 George MacKerron, Susana Mourato: «Mappiness: natural environments and in-the-moment happiness», *Handbook on Wellbeing, Happiness and the Environment* (2020), S. 266–282.

Epilog: Die Reise geht weiter

1 John J. McGrath, Ali Al-Hamzawi, Jordi Alonso et al.: «Age of onset and cumulative risk of mental disorders: a cross-national analysis of population surveys from 29 countries», *The Lancet Psychiatry* 10:9 (2023), S. 668–681.

Register